# Dr BOUGLÉ

## SÉCURITÉ DES SEXES

*\*\**

FRAUDES — PASSIONS
AMOUR — BONHEUR

*\*\**

## PLUS de CONTAGION ni d'AVORTEMENT

12ᴱ MILLE

Prix : 3 fr. 50

MICHALON EDITEUR

26, Rue Monsieur-le-Prince, 26

PARIS (6ᵉ)

# SÉCURITÉ DES SEXES

Dʳ BOUGLÉ

# SÉCURITÉ DES SEXES

*⁎*

FRAUDES — PASSIONS
AMOUR — BONHEUR

*⁎*

**PLUS de CONTAGION ni d'AVORTEMENT**

12ᵉ MILLE

Prix : 3 fr. 50

MICHALON ÉDITEUR

26, Rue Monsieur-le-Prince, 26

PARIS (6ᵉ)

INTRODUCTION

Ce sont les victimes si nombreuses des fraudes et des abus génésiques qui m'ont suggéré la publication de ce livre qui est d'une utilité incontestable pour l'individu et la société. Si des dépravés se moquent de mes conseils, je les plaindrai, sachant qu'ils auront des regrets tardifs en constatant qu'une précoce impuissance sera une de leurs moindres punitions ; mais mon but sera atteint si des victimes ignorantes, fatalement entraînées, abandonnent des habitudes meurtrières.

Aux personnes qui blâmeraient la citation de certains faits, malheureusement réels, je rappellerai ces paroles de saint Clément : « Je ne rougirai point de
« parler, pour l'utilité des lecteurs, des organes qui
« donnent naissance à l'homme, puisque Dieu n'a pas
« rougi de les créer. »

Je leur citerai encore celles d'Augustin : « Si ce que
« j'écris sur la génération des hommes scandalise des
« personnes impudiques, qu'elles accusent plutôt leur
« turpitude que mes paroles. »

Au sujet du livre « le Cabinet secret de l'histoire »,

du docteur Cabanès. Victorien Sardon émit cette opinion : « Puisque les autorités de Saint-Louis (Missouri)
« sont soucieuses à ce point, et si préoccupées de ne
« pas laisser traîner sur leurs tables un livre qui
« puisse offenser la morale, je leur en signale un où
« les vices les plus malpropres et les mœurs les moins
« avouables sont présentés ingénument comme fa-
« miliers au Peuple de Dieu, et qui, à ce titre, est
« bien fait pour compléter l'éducation de la jeu-
« nesse.

« C'est la Bible ! Quand on lit ça en famille on peut
« tout lire. »

La Bible, en effet, parle, avec complaisance, de l'inceste de Loth et nous présente le vieillard enivré par ses deux filles couchant à tour de rôle avec leur père afin de perpétuer sa race !

Si la Bible répand le mensonge, l'erreur et la corruption, il n'en est point de même de ce livre, quoi qu'en puisse dire les momiers ou jésuites, sacripants dont la bouche bave du miel tandis que leur cœur ne distille que du fiel et du venin.

Au sujet de la DÉPOPULATION, j'ai agité une question capitale, capable d'intéresser les plus indifférents qui feignent d'ignorer ses causes que j'ai étudiées puis classées dans le chapitre II qui a provoqué les hauts cris et la révolte de farceurs timorés et d'esprits abusés ou ignorants qui me laissent indifférent. C'est à eux que ces rimes du « Parfait Nourricier », du 1er mai 1897, dédiées au sénateur Bérenger, s'adressent aussi :

### Elle et Lui

Pelotonnée et toute nue
Et tournant d'un lent mouvement,
Elle lui présente son flanc,
Sa croupe, sa cuisse dodue.....
Et lui, de plus en plus ardent,
Promène sa langue brûlante
Sur l'épiderme gras et blanc
Offert de façon si tentante.

. . . . . . . . . . . . . . . . . . . . . . . . . . . . . .

Dans ces vers, Môssieur Bérenger,
O des hommes le plus pudique,
N'allez pas trouver un danger
Contre la morale publique,
Croyez, Monsieur le Sénateur,
Que je respecte la pudeur
Et ne mérite aucun reproche ;
Car il s'agit tout bonnement
D'un feu clair qui brûle en léchant
Le corps d'une dinde à la broche. »

Un ouvrage présente d'autant plus d'intérêt qu'il est plus documenté et il est surprenant que des brochures de cinquante pages soient vendues de 3 à 10 francs. J'ai lu, croyant y trouver quelque nouveauté, l'opuscule : *De l'avortement* dans lequel il n'y a rien que tout le monde ne sache ou à peu près. Mêmes remarques au sujet d'une brochure de 118 pages : (1) *Amour et sécurité*. L'auteur fut pour-

---

(1) Si des auteurs devaient justifier le nombre d'éditions qu'ils annoncent, ils passeraient pour de parfaits fumistes.

suivi et acquitté, ce qui a plus fait pour le succès de ses livres que toutes les réclames. Il y a lieu d'être surpris du succès d'un écrit dans lequel l'auteur tire ces conclusions paradoxales (page 13) : « La multiplication trop considérable des individus entraine infailliblement l'obligation de les détruire. » (1) Page 31 : « Si le mariage est un devoir, en est-il toujours de même de la paternité ? Assurément non. » Le but visé par cette brochure est la vente de spécialités pour réveiller *des organes endormis* et faire naître la volupté chez les plus insensibles, ce qui est un commercial mensonge, car un organe dont les nerfs sensitifs *sont morts* ne peut rien éprouver, étant privé de sensibilité, quel que soit le moyen employé pour réveiller un sens paralysé. Il est toujours nuisible de provoquer par des excitants les fonctions sexuelles. (Voir à la fin de cet ouvrage).

Sans prétention, je suis en droit de déclarer, après avoir lu plus de soixante ouvrages relatifs au sujet que je traite, qu'aucun livre, dans aucune langue, n'est aussi bien documenté, aussi instructif ni aussi utile que celui-ci, car tous les faits relatés sont les fruits d'observations rigoureuses.

La brochure, également poursuivie sans succès, « *Sécurité complète en amour* » n'offre rien de nouveau ; on y fait la réclame de préservatifs et de

---

(1) Mettre au monde des enfants avec la perspective de les faire mitrailler est profondément immoral et il serait préférable de les laisser dans le néant ; car le but de la vie n'est pas de naître pour *être patriotiquement assassiné !*

remèdes secrets aussi inutiles que forts chers. Parmi les moyens pour empêcher la fécondation, il en est un remarquable par sa simplicité. malheureusement il est basé sur une erreur et une profonde ignorance des fonctions génitales de la femme, choix de l'époque, presque toujours incertaine, où l'ovule est arrivé à un degré de maturité trop ou trop peu avancé pour ne pas être fécondé.

Des brochures sont répandues à profusion pour tromper le public ; c'est donc un devoir de lui signaler des erreurs qui peuvent lui causer de cruelles déceptions.

## DÉDICACE

« Il n'est pas bon que l'homme s'instruise sur toute chose », disent des craintifs et des ignorants. A ces perturbateurs d'ordre moral il convient de répondre : L'homme qui connait le danger et s'y expose est plus coupable et moins à plaindre que celui qui l'ignore et s'y laisse entraîner.

Des garçons, des filles, des hommes et des femmes, d'un âge même avancé, travaillent journellement, dans une réelle ignorance, à ruiner leur corps et à troubler leur esprit, entraînant des victimes qui en feront d'autres ; car le vice est contagieux comme la peste.

Des sots, ambitieux, ne songeant qu'à eux, ne voient de justes, de raisonnables et de bons que leurs personnes et leurs ouvrages édifiés sur l'erreur par la vanité ; qu'on s'éloigne d'eux comme de vils parasites qui rampent pour recevoir de l'encens ; qu'on les méprise comme les rejetons d'une tyrannie dangereuse ; l'opprobre est le manteau qui doit les couvrir.

Citoyens, élevez vos enfants dans la crainte du mal et la défiance des caresses trop expansives ; enseignez-leur de bonne heure ce qui est nuisible au développement du corps et de l'intelligence ; soustrayez-les aux exemples pernicieux ; évitez-leur la solitude où ils sont enclins à se faner et à se perdre ; éloignez-les des hommes pervers et des suborneurs ; pénétrez leurs jeunes âmes que la morale commande de pratiquer la vertu et l'amour fraternel et non à déguiser les plus beaux sentiments sous des dehors perfidement trompeurs. Ainsi guidés, les enfants grandiront au foyer de la justice humaine et détourneront du mal ceux qui, plus malheureux, tenteraient de le leur faire commettre, et, devenus hommes, ils mettront alors utilement leurs aptitudes au service de l'humanité dont tout sujet, faible ou fort, pauvre ou riche, est tributaire, obligé qu'il est, moralement, de faire le bien selon ses moyens. A l'école du droit et du devoir les jeunes gens apprendront qu'il est aussi décevant que dangereux d'être trop familier avec des hommes que l'intérêt ou l'ambition poussent à la basse flatterie dans l'espoir de récolter une faveur ou des honneurs, en témoignant de l'amitié feinte. Quoi qu'il faille voir les partitions de la vie avec les yeux de la philosophie, il n'en est pas moins avéré que tout est faux ici-bas, non seulement l'image des choses, mais ces choses mêmes.

A notre époque de merveilleuses découvertes honorant le génie humain on ne s'arrête plus dans le domaine de celles qui visent la destruction des villes et des peuples et on décore toutes ces découvertes de progrès comme s'il pouvait être la source de l'anéantissement et de la mort.

On parle de paix alors que partout des génies malfaisants confectionnent des appareils de mort et que l'avenir des peuples semble de plus en plus compromis, puisqu'ils se préparent fébrilement comme si demain ils devaient disparaître. Malgré ces préparatifs d'extermination on se plonge dans l'ivresse des plaisirs pour oublier qu'après un réveil terrible se rencontreront des peuples prêts à se détruire, et que la disparition de l'un ou de plusieurs couronnera les erreurs de la barbarie moderne.

Comment concilier ce crime international, la guerre, prémédité pour la ruine et le malheur des nations, avec les lois civiles et religieuses qui *défendent de tuer son semblable* ? On a baptisé du nom de *patriotisme* l'affreuse barbarbarie qui fait de tout soldat un sanguinomane et ce patriotisme a choisi pour formule : *La Force*, c'est-à-dire la lâcheté, *prime le droit*.

On blâme avec raison celui qui tue même un tyran (1), mais on approuve un tyran qui fait massacrer, sur un mot ou sur un signe, une populace assez justement révoltée contre l'arbitraire.

---

(1) Est tyran, celui qui, investi du suprême pouvoir, prive le peuple de libertés ; contre un pareil homme les jésuites armèrent la main de régicides, les assurant de commettre un acte agréable à Dieu.

Pour voir régner l'*amour fraternel*, ne tolérant ni *esclave* ni *tyran*, les jeunes gens devront s'instruire aux flambeaux de la science raisonnée et de la philosophie qui formeront une génération nouvelle purgée d'erreurs et de tout fanatisme.

Enfants des générations futures, qui nous plaindrez de ne pas avoir eu le courage d'exiger ce que vous définirez : *le droit de vivre dans un bien-être légitime*, il est probable que votre existence ne sera pas continuellement agitée par la peur de perdre en un instant ce que vous aurez eu plus ou moins de peine à récolter.

Nos voies, maintenant ténébreuses et apeurantes, seront ouvertes à l'humaine tolérance. ce sera le résultat de la paix succédant aux tourmentes ; ce sera l'aurore sociale éclairant les peuples et les conduisant d'après un plan d'harmonie et de justice nécessité par les aberrations d'un sombre passé ; alors la raison aura terrassé l'obscurantisme, père des préjugés, de l'injustice et de l'intolérance. Les hommes ne travailleront plus pour satisfaire des vampires et le favoritisme ne guidera plus *la justice* violée jusque sur les bancs de l'école inspirant à l'enfant la haine fatale des hommes. Lorsqu'on veut empêcher un jeune homme de réussir, on lui pose des questions équivoques, embarrassantes, tandis qu'à un sujet qu'on protège on lui facilite la tâche et l'on ne craint point de marquer ainsi un tel parti pris.

Au lieu d'accommoder les besoins au diapason du progrès on n'a aucun souci de diminuer la misère qui tue les masses laborieuses dont le salaire n'est qu'une charité odieuse exploitant cette terrible tortionnaire, *la faim* ! ce qui n'empêche des farceurs de chanter la *fraternité* qui doit préparer des réformes humanitaires et non s'épuiser en discours trompeurs et stériles. La *fraternité* doit assurer aux travailleurs une aisance méritée en leur enseignant à vivre d'économie, sans privations et sans abus des agents nuisibles.

L'ambition aveugle l'homme trop porté à s'écarter des grands problèmes de la Nature ; des jeunes gens, au lieu de développer sainement leur intellect, se fourvoyent à lire des romans qui faussent leur jugement, prenant des fables pour la réalité ; leur cerveau impressionnable s'enflamme pour des personnages fictifs, recherchant des rôles de plus en plus corsés, des situations de plus en plus embrouillées, de plus en plus extraordinaires.

Que de passions développées, de fautes commises, de positions et de réputations compromises, que de familles désolées, ruinées et de crimes perpétrés par cette cause !

Le plus beau livre à consulter est celui de la Nature plein d'exemples utiles ; il est inépuisable et chacune de ses pages apprend à ceux qui le consultent une connaissance nouvelle et l'on acquiert la preuve que les grands maîtres qui ont tenté de copier la Nature n'ont fait que de chétives ébauches. Dans la Nature se trouvent toutes les lois, dans son laboratoire se concentrent toutes les forces manifestées par de l'énergie ; les lois de la physique, de la cosmogonie, de la chimie, celles de l'harmonie, de la justice, de la philosophie, enfin celles de la physiologie, de la médecine, de la morale lui appartiennent, et leur connaissance constitue toute la science que l'homme peut posséder durant sa courte existence comprise du moment où il est capable de comprendre à celui où, incapable de se souvenir, touché par la décrépitude qui est une aile de la mort, il restituera ses éléments constitutifs par les mêmes lois simples, immuables, inévitables.

Ce sont les gens d'aptitude, de prudence et de soumission qui obtiennent généralement des emplois lucratifs ; quant à ceux qui sont capables de remplir les fonctions les plus sérieuses, s'ils ne sont pas disposés à mettre au service d'un maître la souplesse entière du caractère, ils sont impitoyablement évincés ; alors il faut qu'ils soient aptes à commander, à diriger une industrie ou à professer un état libéral.

Si, au lieu de faire passer des insouciants 12 à 15 ans sur le banc des écoles pour leur procurer un bagage scientifique inutile, on eût employé le prix de cette inutilité à un apprentissage manuel, on leur eût fait aimer le travail, la vie et la famille. On détourne trop facilement les jeunes gens de l'industrie et de l'agriculture ; on veut qu'ils aient une dose de sciences peu en rapport avec leurs aptitudes et l'on n'aperçoit pas cet encombrement de postulants qui font un assaut désespéré aux places.

Voyez ceux qui ont embrassé des professions libérales, dans l'espoir de mener une douce existence ; les uns, ruinés, ont échoué sans atteindre le but qui leur paraissait d'un accès facile ; d'autres n'ont même pu végéter, leurs titres ne leur furent qu'une cause de dérision ou d'amères déceptions ; aussi, que de bacheliers, de licenciés, de docteurs de tous ordres, rencontrés dans les manufactures, parmi les surveillants des travailleurs des mines, dans les compagnies de chemins de fer, de navigation et autres, comme simples manœuvres, en attendant mieux ; ils ont eu une indigestion universitaire, mais ceux qui ne sont pas riches et sont aiguillonnés par la faim n'ont pas le choix des moyens, ils acceptent avec joie ce qu'ils trouvent ; pour eux, le travail c'est la vie.

Si vous rencontrez des gens qui regrettent l'instruction, montrez-leur le tableau peu consolant des déclassés qu'elle a rendus malheureux ; montrez-leur ces nombreux écrivains qui ont tenté, sans succès, de faire retentir les échos de la renommée et qui sont tombés, ruinés, avec leurs livres, sans éveiller l'attention des curieux. Engagez ces ambitieux à conserver précieusement leur santé et à ne point regretter les livres. A faire des livres on irrite son cerveau, on fatigue son esprit et on use sa santé sans être plus heureux ni plus avancé pour cela. On noircit le plus souvent du papier que personne ne voudra corriger ni même lire, et l'on garde le titre d'écrivain qui attire plus de déboires que de rentes ; ne regrettez point le métier d'écrivain, il n'est pas le meilleur. Si l'on rencontre quelques admirateurs, on inquiète et l'on tourmente les autres ; une mauvaise plume, de la mauvaise encre, une mauvaise parole, une mauvaise idée, une mauvaise vue, tout cela jette dans une mortelle angoisse. Il faut graver dans la mémoire des jeunes gens que la Nature ne donne jamais la santé, le plaisir et le bonheur, qu'en récompense de la vertu.

Dans les tableaux effrayants que je vais étaler, montrant les misères de l'espèce humaine dégradée par des débauches cultivées avec art, on verra les moyens étudiés, puis perfectionnés par tous les passionnels pour tomber si bas qu'ils se rapprochent plus de la brute que de l'homme, tant sont profondes leur faiblesse, leur ignorance, leur stupidité et leur lâcheté.

« Si quelqu'un, indigné, dit le docteur Debray, dans son *Histoire de la débauche et de la prostitution*, s'avise de relever toutes les turpitudes du libertinage, de les classer laborieusement et de les montrer aux gens, comme on montre aux navigateurs l'écueil qui peut les briser et les engloutir, il n'aura pas allumé sa lanterne qu'aussitôt de crier haro sur le baudet. Un loup quelque peu clerc surgira, prouvant par sa harangue qu'il faut sans retard dévorer ce maudit animal,

Ce pelé, ce galeux, d'où nous vient tout le mal !

« Et on le dévorera, car son cas est incontestablement pendable. Et la peste continue à sévir : elle en prend même une force nouvelle : le silence ne fait de tort qu'au bien ; le mal, au contraire, à la faveur du silence et des ténèbres, fait sûrement son chemin, tandis que la lumière et la publicité l'entraveraient et la lasseraient. »

Dans son ouvrage, *Les Caractères*, La Bruyère dit à la préface : « Mais comme les hommes ne se dégoûtent point du vice, il ne faut pas aussi se lasser de le leur reprocher : ils seraient peut-être pires, s'ils venaient à manquer de censeurs ou de critiques ; c'est ce qui fait que l'on prêche et que l'on écrit. »

Il ne faut pas plus craindre d'avertir les jeunes gens des dangers qui les menacent que de leur faire connaître les funestes effets d'une mauvaise habitude contractée ; car le plus grand malheur est de les laisser dans l'ignorance, d'un mal qui tue.

C'est aux éducateurs d'apprendre aux jeunes gens ce qu'ils doivent éviter pour avoir la santé, la force et le bonheur. Ces lignes écrites par un étudiant, résument l'opinion d'un grand nombre de correspondants (1) : « Votre ouvrage devrait être dans toutes les mains. Mais, monsieur, voilà justement ce que le monde ne comprend pas ; ainsi, moi qui le possède, j'ai dû le cacher, parce que mon père en ayant causé devant moi, me dit : « Je ne voudrais pas que cet » ouvrage te tombât dans les mains ». Et pourtant, combien sont mauvais, en général, les romans que l'on met dans la bibliothèque d'une jeune fille ou d'un garçon ; et quel remède opposer à cette obstination insensée ?...

---

(1) L'auteur a reçu plus de huit mille lettres de félicitations.

« Votre livre m'a corrigé d'une vicieuse habitude qui, sans lui, m'aurait anéanti le corps et l'esprit. Grâce à vous, je serai un homme.

« Votre livre devrait être mis dans toutes les corbeilles de mariage. »

Que les sceptiques entêtés retiennent le résumé de cette lettre : « En vous félicitant d'avoir publié un livre tel que celui-ci, je dois vous révéler que l'ignorance dans laquelle on m'a laissé vivre trop longtemps est cause qu'à mon âge, 29 ans, je suis un vieillard dans toute l'acception du mot. Talent, mémoire, vue, et surtout volonté et énergie, sont morts en moi ; il me reste l'enthousiasme et des désirs qui restent sans effet, etc... »

### Misère et folie provoquées

Retenons cette vérité de A. Weil : « La maladie n'est que le résultat de la violation d'une loi naturelle ». Tous les vices sont dans la nature du mal dont l'homme s'est fait la spécialité d'en pousser le raffinement jusqu'à ses limites extrêmes dans tous les domaines ; il se tue plus souvent qu'il ne se laisse mourir et il ne compte plus le nombre de ses excès que chaque jour voit augmenter ; cependant, les uns se plaignent d'avoir trop de peine pour trop peu d'argent, les autres de donner trop d'argent pour trop peu de travail. Le capital et le travail, comme deux concurrents déloyaux, souffrent de ne pas comprendre qu'ils se doivent un appui mutuel, consciencieux, sous peine de rompre l'équilibre social dans son principe vital. Le capital espèce ne doit être qu'un échange avec le capital nature ou manuel, en tombant d'accord sur une juste évaluation. Le riche qui réduit un juste salaire, le pauvre qui trompe ou vole un riche, sont des ennemis de la société.

Des dirigeants, *dévoués à la cause populaire*, n'écoutent même pas ceux que la souffrance pousse à solliciter un prompt secours, aussi, après une intolérable attente, recourreront-ils au suicide pour prouver que ceux qui n'ont jamais connu la misère ne peuvent s'en faire une idée. La mort est préférée à une vie de privations et de douleurs ; un peu de charbon, une corde, un poison, la rivière, c'est vite fait, et voilà de vagues humanités, héritières de la souffrance, parties sans haine peut-être, mais la déception dans l'âme, découragées d'avoir vu les uns jouir, indifférents, à côté de la misère dont la honte retint le cri de désespoir. On serait épouvanté si l'on connaissait le nombre de suicides et d'infanticides qu'une largesse insignifiante aurait pu éviter. Les dispensateurs des fonds publics sont de grands coupables, car les caisses d'assistance, au lieu de renvoyer une malheureuse, devraient lui remettre un secours immédiat, après renseignements pris rapidement, mais il faut un tas de formalités sans lesquelles la sacrée bureaucratie ne serait point satisfaite ; pendant ce temps, des malheureux, torturés par tous les besoins, cherchent dans la mort une délivrance plus expéditive *qu'un bureau d'assistance publique*.

D'un autre côté, nous voyons des ouvriers toujours mécontents. vivre sans économie, se privant des choses les plus utiles, mais non de plaisirs ; aux jours d'abondance ils ne calculent pas et au temps de disette, tout en mangeant mal. ils se saturent de nicotine et d'alcools ; or. si l'ouvrier économisait chaque jour sur le tabac et l'alcool qui l'empoisonnent, il aurait, à la fin de l'année une somme, qui lui permettrait d'augmenter son bien-être. Il n'y pense même pas et végète dans un état souvent voisin de la misère et si la maladie le frappe, il sera bientôt à la merci de la charité publique. Des vices peuvent seuls expliquer que des ouvriers gagnant de 5 à 12 francs par jour. fassent des dupes partout, causant encore du préjudice aux travailleurs probes et économes. L'ouvrier noceur recourt à n'importe quelle indélicatesse : vol, abus de confiance ; la prostitution est sa grande ressource. Des ouvriers font réclamer des secours en invoquant une misère noire ; ils font montrer des enfants chétifs qui ne leur appartiennent pas pour obtenir des secours qu'ils dépenseront en alcools ; d'autres disent à leur femme et à leurs filles : « Tâchez de rapporter 5, 10, 15 ou 20 francs ! » et ces esclaves de la débauche rapportent, le soir, l'argent que les misérables disent : bien gagné ! (1).

(1) Près des grandes villes, ces pratiques sont fréquentes.

Il est déplorable de savoir que des ouvriers qui gagneraient vingt francs par jour ne seraient ni plus riches ni plus heureux, par la fâcheuse habitude contractée d'aimer à vivre au jour le jour, sans souci du lendemain.

L'ouvrier chargé de famille devrait comprendre que son devoir est d'élever ses enfants au foyer de la morale et de la justice sans lesquelles il n'y a aucun respect des droits ; il devrait leur apprendre à vivre simplement, mais sans manquer du nécessaire, pour maintenir sains le corps et l'esprit afin qu'ils conservassent ce qui se fait rare, *l'amour de la famille !* Au lieu de fuir le toit paternel ils s'y attacheraient au point de ne le quitter que la mort dans l'âme.

L'ouvrier, qui a tant besoin de ménager ses forces et sa santé pour se rendre la vie supportable, doit éviter tout luxe ridicule et se contenter de ce qui est utile ; avec l'ordre et l'économie il n'aurait rien à craindre, surtout si, par une sage prévoyance, on rendait obligatoire l'assurance vie et accidents des employés, comme en Allemagne où un timbre-prime hebdomadaire de 25 centimes assure, en cas de maladie ou d'accident, de 2 fr. à 3,50, ainsi que les soins du médecin et les remèdes.

La misère, quoique grande, n'est pas la plus grave calamité : la *toxicomanie* est une ivresse autrement perturbatrice que l'alcoolisme si désastreux pour l'individu et la famille ; mais l'ivresse alcoolique a des accalmies, si elle est triste, soupçonneuse et turbulente, elle est souvent gaie, loquace, expansive, quelquefois brutale pourtant ; par le raisonnement on la corrige, quelquefois on la tue même complètement. Les invétérés peuvent mourir d'une hépatite, d'une apoplexie, d'un délire aigu et même de folie; des gens de toutes classes deviennent *poivrots* et l'on rit de leurs chutes, ce qui n'est pas charitable, car il y a des professions où cette habitude est non seulement funeste aux passionnels, mais aux personnes qui ont besoin d'y recourir, tels sont le magistrat, le médecin et le pharmacien. Que les malades ne les consultent jamais s'ils sont buveurs (1) ; le déplacement d'une virgule, l'erreur d'un nom pouvant causer la mort que l'amende et la prison ne répareront jamais.

Dans son ouvrage, *Les Morphinomanes*, le docteur E. Chambard s'exprime ainsi, p. 225 (on dirait que l'auteur s'est inspiré de Lucrèce : « La vie est une mauvaise plaisanterie du ciel, un accident malheureux. Dure pour tous, sauf pour les sots, elle l'est surtout pour les plus intelligents, les plus conscients et les meilleurs. Assister au triomphe des méchants et des imbéciles, constater l'inanité de ses efforts, perdre les siens qu'on a à peine eu le temps de connaître et d'aimer, mourir soi-même, en pleine activité et d'une maladie souvent cruelle ou dans la dé-

(1) J'ai vu l'ordonnance d'un médecin alcoolique qui ordonnait, pour cent pilules, *un gramme d'aconitine* au lieu d'*un centigramme* ; si le pharmacien l'avait exécutée par une fâcheuse inattention, le pauvre malade eût été tué avec la deuxième pilule. Que de crimes, ainsi accomplis, restent ignorés !

crépitude de la vieillesse, tel est le programme que nous donnons aux dieux ; et par surcroît d'ironie, cette vie dont nous avons pénétré l'inutilité et distillé la douleur, la nature connaît le merveilleux secret de nous y attacher par un instinct tout puissant et de nous forcer à la transmettre à nos successeurs. »

Et, plus loin, l'auteur ajoute : « Comme un ennemi redoutable, il (l'homme) ne peut qu'attaquer le sort en face ou se faire petit pour se dérober à ses coups. »

Il est malheureusement vrai que la vie est un malheur puisqu'on ne peut la posséder sans souffrance, avec la certitude de la perdre ; en outre, l'intelligente perversité sert avantageusement l'abrutissement des uns et l'ignorance des autres pour semer des germes néfastes fécondés par un malencontreux hasard ou par un calcul méchant.

Quand on voit la basse flatterie, les mensongères promesses employées pour vaincre les derniers scrupules d'une conscience naïve, quand on voit semer tant d'or pour perdre des infortunées, il faut reconnaître que la vie n'est qu'une succession d'actes tragiques dans lesquels des acteurs sont dupes de la mauvaise foi des uns ou de l'ambition des autres.

Si l'on rencontre tant de déséquilibrés et tant de fous, il faut l'attribuer à l'étourdissement psychique que, dans toutes les classes, des sujets diversement intelligents provoquent par des stupéfiants plus ou moins actifs ; dans les classes pauvres, où les besoins matériels dominent, on s'abreuve d'alcools chimiques même dénaturés ; c'est une satisfaction grossière ;

c'est l'enivrement et l'abrutissement à bon marché (1).

Dans le monde où artisans, bourgeois, femmes plus ou moins galantes et riches recherchent tous les raffinements, le choix des moyens propres à étourdir les sens est plus délicat, sans être moins funeste, car on excite la raison pour la troubler en extravagances inconscientes et la perdre même complètement. Les hallucinations, provoquées dans le but d'impressionner l'esprit de sensations voluptueuses, laisseront des souvenirs indéfinissables d'autant plus recherchés qu'elles varient d'acuité et de nature. L'opium eut, le premier, le triste honneur d'illusionner l'âme, soit en fumée ou en prise ; puis, son action étant jugée trop lente, on recourut à l'un de ses principes actifs, la *morphine* ; non content de cela on voulut un choix d'agents aux plus perfides influences ; on exulta aux contes féériques de l'Orient et l'on essaya le *haschich* (tiré du chanvre indien) ; on but de l'*éther*, on prit de la *cocaïne*, du *chloral*, de la *thériaque*, chère aux Grecs ; tous ces soporifiques provoquent la manie irrésistible de leur usage.

L'ivresse, provoquée pour calmer une douleur, pour oublier un chagrin ou jouir d'une volupté secrète, devient habituelle et semblable à celle de l'alcool ;

---

(1) L'alcool, sous n'importe quelle forme, est un poison qui excite sans fortifier et flatte en brûlant ; c'est un toxique dégénérateur et ceux qui donnent du vin ou de la bière à des bébés sont des criminels.

l'homme le plus fort perd ses plus heureuses aptitudes, il est dangereux à lui-même et à la société ; ce qui étonne c'est de voir des gens instruits, qui connaissent les ravages de ces agents nuisibles, se plonger dans des rêves factices qui effacent en eux jusqu'à l'instinct de la conservation. Ne touchez pas aux calmants, s'ils soulagent momentanément, ils produisent sur l'organisme des effets désastreux et sont plus funestes que l'amour des prostituées, car ils font des dégénérés.

L'euphorie que les stupéfiants procurent, c'est-à-dire le bien trompeur que l'on en ressent à la condition de les renouveler souvent, c'est le plaisir puisé au sein de la mort, plaisir redoutable qui ne donne pas même à celui qui le goûte, l'espoir de le saisir pour le conserver ; c'est l'illusion du bonheur projeté par le spectre de la souffrance ; c'est un théâtre de tortures et d'horreurs où les acteurs perdent le dictamen de la conscience. Les esclaves des stupéfiants, vieux ou jeunes, ont pour excuser leur dégradante manie, un chagrin, une déception, une perte, un abandon à oublier ou encore une douleur physique ou morale à calmer ; quelques-uns, piqués par une curiosité née d'une malencontreuse confidence ou d'un *conseil amical*, essayent du perfide moyen et les voilà qui tentent une piqûre de morphine ou de cocaïne, qui prennent de l'opium en fumée, en pillules ou en teinture, à doses pondérées au début. La première tentative n'est généralement pas heureuse, on éprouve des hauts de cœur, des vertiges, de la somnolence et de l'engourdissement ; les sens payent un premier tribut à l'inaccoutumance du toxique ; le rêve tant désiré est une double souffrance, mais peu importe, on recommence et le corps, après deux ou trois tentatives, fait place à deux âmes, l'une annihilée tandis que l'autre, plongée dans l'extase, voit des êtres fantastiques, des images si réelles qu'on les touche et dans ce nouvel état, avec des organes morts pour le monde extérieur, on éprouve des sensations si agréables, que revenue à la réalité, l'âme, profondément troublée, méprise tout ce qu'elle avait aimé ; dans ce dédoublement elle passe par des variantes capricieuses, étranges et inexplicables dans ses goûts pervertis ; son indifférence est telle que le monde réel n'offre plus d'attrait aux toxicomanes entrés dans la période critique d'endurance ; dans cette phase autofascinatrice les malheureux sont d'autant plus impressionnés que leur système nerveux est plus sensible ; l'impression perturbatrice augmente d'intensité jusqu'au moment, qui n'est jamais long, où les facultés sensorielles et intellectuelles seront en partie éteintes ; le poison qui coule dans les veines ne tient plus ses promesses, il est de plus en plus exigeant et comme un feu près de s'éteindre, il faut l'attiser, l'entretenir, il faut en augmenter la dose. Sur cette pente fatale, les toxicomanes ne peuvent plus maîtriser leur volonté liée, par un pacte infernal personnel, au toxique qui commande et veut être obéi ; le cerveau n'est plus qu'un instrument passif ; le prurit envahi tout le corps, comme si des milliers d'insectes aux tenailles coupantes naissaient spontanément sous la peau ; la vue, le goût, l'odorat, l'ouïe, la mémoire sont perturbés ; dans les vaisseaux coule un fleuve de naphte enflammée ; vite une pipe d'opium, du haschich, du laudanum, une bonne piqûre de morphine ou de cocaïne pour endormir les furies engendrées dans l'organisme, renouvelant à chaque réveil d'épouvantables tourments ; le calmant, baume salutaire, annule la douleur ; des rêves de richesse, de bonheur et d'amour se déroulent successivement dans le cerveau intoxiqué et le besoin d'en revoir les trompeuses images est si impérieux, si obsédant, que pour l'assouvir de malheureux esclaves ne reculent devant rien, pas même devant un crime. Si l'état pathologique est modifié de façon à calmer momentanément les souffrances du corps, les peines du cœur et les angoisses de l'âme, le poison n'en produit pas moins des ravages qui ne sont plus des illusions, mais des désordres réels ; les toxicomanes deviennent si indifférents que leurs facultés tombent comme des feuilles mortes ou des fruits malades ; ils n'ont que l'obsession de toujours s'empoisonner davantage ; l'effet du toxique passé, ils sont méfiants, colériques, ombrageux, ils redoutent leurs meilleurs amis, tombent dans le délire de la persécution et commettent des actes qui en font des irresponsables. Malgré leur grande dissimulation il est assez facile de les reconnaitre ; on doit employer tous les moyens pour les corriger et les amener insensiblement à se reposséder. On ne peut songer, sans frémir, que des écrivains ne produisent, des orateurs ne parlent, des médecins ne formulent, des pharmaciens ne manipulent, des magistrats ne jugent et que des ministres ne gouvernent que sous l'influence morphinique, risquant de troubler des esprits faibles, de corrompre des âmes, de tuer des clients, de condamner des innocents et de déchainer les plus grands malheurs sur les peuples (1).

(1) Ce fut sous l'influence de la morphine que Bismarck, déjà alcoolique, dénatura la dépêche d'Ems qui causa la fatale guerre de 1870. Céciles Rhodes, qui prémédita la perte des Boers, était, aussi lui, un alcoolique dépravé.

# PREMIÈRE PARTIE

# Fatales Passions

### CHAPITRE PREMIER

**Onanisme. — Pédérastie. — Nymphomanie. Tribadie.**

> Apprenez, insensés, qui cherchez le plaisir,
> Et l'art de le connaître et celui d'en jouir,
> Les plaisirs sont les fleurs que notre divin maître,
> Dans les ronces du monde, autour de nous fait naître.
>
> VOLTAIRE.

L'*onanisme* désigne l'excitation des organes génitaux par tout autre moyen que le coït avec une femme. Le nom de cette funeste habitude, aussi ancienne que le monde, nous vient d'un personnage biblique tristement célèbre : « Juda, est-il dit dans la Genèse, alla à Chanaan, et ayant vu la fille d'un Chananéen, nommée Sue, il la prit pour sa femme, entra dans elle et en eut trois fils nommés, Her, Onan et Sela. Son premier-né, Her, épousa une Chananéenne du nom de Thamar. Her étant mort sans laisser d'enfant, Juda dit à Onan, son second fils : « Prends pour femme la

« veuve de ton frère, entre en elle et féconde la se-
« mence de ton frère ». Mais Onan haïssait la mémoire
de son frère, c'est pourquoi en entrant dans sa femme
il répandait sa semence par terre, et c'est pour cette
raison que le Seigneur lui ôta la vie ».

Cette citation nous laisse ignorer si Onan trompait
la nature pendant l'acte de la copulation, en se reti-
rant, ou si l'éjaculation était due à la masturbation.
C'est l'abus contre soi-même, à l'aide de la main, que
l'on désigne sous le nom de *péché d'Onan*.

De tout temps, des moralistes et des médecins ont
écrit sur ce sujet : Tissot, Van-Swieten, Gottlieb Vogel, Lomnius, Frank, Celse, Campe, Bertrand, Dous-
sin-Dubreuil, Stehelin, Willaume, Salmuth, Zimmer-
mann, Ricord, Debray et tant d'autres.

Dans ses *Confessions*, J.-J. Rousseau dit : « Ce
vice, que la honte et la timidité trouvent si commode,
a un grand attrait pour les imaginations vives, c'est
de disposer, pour ainsi dire, à leur gré, de tout le
sexe, et de faire servir à leur plaisir la beauté qui les
tente, sans avoir besoin d'obtenir son aveu ».

Que ce vice contre nature, commun dans tous les
milieux, soit dû à des débauches infâmes ou à l'ignorance, ses victimes travaillent à leur propre ruine.

Les exemples d'onanisme revêtant un caractère mor-
bide sont très rares ; on peut citer pourtant celui du
sergent Bertrand qui avait l'ignoble passion de dé-
terrer des cadavres de femmes, de les lacérer à coups
de sabre, puis de se masturber d'une main, en serrant
de l'autre, avec frénésie, une partie du cadavre, géné-

ralement les intestins. Les journaux citent, de temps en temps, des cas aussi révoltants.

Voici, succinctement, des pratiques aussi bizarres que dangereuses, imaginées par des onanistes pour assouvir leur passion. Les uns s'introduisent dans le canal de l'urètre des corps étrangers pour augmenter de fausses jouissances ; d'autres se servent d'un anneau de métal. Chez des femmes, on a trouvé des manches de porte-plumes, des étuis et autres objets dans le canal de l'urètre et dans la vessie.

Le *Journal de Médecine et de Chirurgie pratique* cita une femme de trente-six ans à qui l'on dut extraire du vagin une bobine de fil qui y était restée depuis l'âge de 14 ans ; la présence de ce singulier instrument avait provoqué des péritonites et des hémorrhagies. Dans les temps les plus reculés, cet usage était assez répandu, car le prophète Ezéchiel s'adressa en ces termes aux Hébreux : « Vous avez pris des objets de parure, des vases d'or et d'argent qui m'appartenaient, vous en avez fait des images viriles, et vous avez forniqué avec ces images. » Les femmes romaines s'adonnaient aux plaisirs solitaires avec l'image de l'organe viril, la *phallus* (pénis en métal que les dames portaient au cou, comme parure).

On vend publiquement, dans la ville de Tien-Tsin, en Chine, des phallus gommo-résineux, souples et colorés en rose. Un savant, digne de foi, a vu représenter, sur un théâtre de cette ville, la scène suivante : une femme jeune et ardente est en présence d'un vieillard cacochyme, impuissant, à qui elle fait remarquer que son mari la néglige complètement ; celui-ci sort, revient aussitôt tout joyeux et lui présentant un phallus gommo-résineux, lui dit : « Voici l'objet dont beaucoup de femmes se contentent, faites comme elles. »

Dans les harems, des femmes, souvent excitées sans être satisfaites, se servent d'instruments spéciaux (1), dans le but de produire le spasme utérin qui provoque des crises nerveuses, puis des attaques épileptiques ou des accès tétaniques. Ces pratiques ne sont pas encore, que je sache, connues en Europe.

L'onanisme n'est pas le seul vice qu'il faille signaler. Dans beaucoup de contrées, l'inceste est devenu une habitude à la mode, le concubinage un jeu constant, et pour comble d'immoralité, il faut encore signaler ce goût bestial de l'homme perpétrant le crime de la pédérastie. Les conséquences naturelles de tant d'abus sont : la diminution de la longévité, l'affaiblissement moral et physique progressif des générations et la production de maladies répugnantes.

Lorsque des personnes ont des troubles fonctionnels dûs à un état pathologique particulier, déterminant une exagération ou perversion des désirs vénériens, on les dit atteintes, dans le premier cas, de *nymphomanie*, de *satyriasis* ou d'*érotomanie* ; dans le second, qui comprend tous les actes contre

---

(1) C'est un œuf mobile à double enveloppe de métal dont l'interne est à peu près remplie de mercure.

nature, on les appelle *pédérastes* ou *sodomites* et *tribades*.

La *nymphomanie*, ou fureur utérine chez la femme et le *satyriasis* chez l'homme sont des perversions génésiques qui se rencontrent à tous les âges, mais sont plus fréquentes chez l'adulte. Des personnes et même des enfants, pour assouvir sans gêne leurs passions, ne reculent pas devant un crime ; malgré les soins pris pour les corriger, on les voit détourner tous les obstacles sans difficulté. Cet état est une véritable névrose génitale, qui provoque tôt ou tard un dérangement des facultés intellectuelles.

L'un tue pour violer une jeune fille ou une vieille femme, l'autre viole des cadavres. La *Gazette des Tribunaux* cite un enfant qui, après avoir violé une petite fille de quatre ans, la coupa en morceaux. Les étrangleurs de femmes, vampires tels que Vacher, Vidal, etc., sont des obsédés et si la loi ne peut excuser leurs forfaits, du moins devrait-elle les traiter comme malades dangereux et les punir de la réclusion perpétuelle.

Cependant, les fureurs génésiques sont moins violentes chez l'homme que chez la femme. La cause la plus fréquente de *nymphomanie* est *l'hystérie* (1), dans ce cas, la femme, douée d'une imagination vive, est sans cesse aiguillonnée par des désirs voluptueux.

Dans l'antiquité, Messaline, Phrynée, Julie, Agrip-

---

(1) Voir chap. V.

pine, Popée, etc., atteintes de névroses génitales, furent célèbres pour leurs débauches.

La *pédérastie* est un attentat contre nature consommée sur les deux sexes ; ce mot signifie *amoureux d'enfants* ; cette pratique honteuse, connue sous le nom de *Sodomie*, était très goûtée des peuples de l'antiquité. Moïse menaça ainsi, dans le Deutéronome, les Hébreux friants du coït anal : « Le Seigneur, votre Dieu, vous frappera de l'ulcère d'Egypte, et la partie de votre corps qui évacue les excréments sera affectée de vermines et de démangeaisons incurables. »

La Bible nous conte ainsi l'histoire de Loth qui avait reçu chez lui deux étrangers que les *Sodomites* exigeaient pour assouvir leur révoltante lubricité : — « Les habitants de Sodome, de Gomorrhe et de plusieurs autres villes n'avaient point de goût pour les femmes ; aussi, depuis les plus jeunes jusqu'aux vieillards, ils assiégèrent la maison de Loth ; mais, ce dernier, qui vivait selon la justice de Dieu, les pria de ne point faire de mal à ses hôtes et proposa de leur livrer ses deux filles qui étaient vierges », offre qui fut repoussée. La tribu de Benjamin, dans la ville de Guibha, avait les mêmes mœurs. Ce crime contre nature était cependant sévèrement puni, d'après ce passage : *Qui dormierit cum masculo coïtu femineo, uterque operatus est nefas, morto moriantur : sit sanguis eorum eos.* (Lév. XV.) « Si un homme dort avec un mâle et s'unit à lui comme avec une femme, l'un et l'autre commettent une infamie ; qu'ils soient punis de mort, et que leur sang retombe sur eux. » Cette bestialité était à la mode chez les Grecs, car Hippocrate, dans ses *Serments*. jura de se préserver de la séduction des femmes et des garçons, libres ou esclaves. Solon, sage législateur, a laissé ces deux vers :

> Tant qu'il n'aura barbe au menton.
> Tu chériras un beau garçon.

Les femmes romaines n'étaient pas moins lascives que les lesbiennes. Dans ses satires, Juvénal dit : « Les siècles futurs ne pourront rien ajouter à notre dépravation ; nos descendants seront réduits à nous envier et à nous imiter... Un tel exploite l'avarice de sa bru, une telle empoisonne son mari, telle autre s'enrichit du nombre de ses amants, la plus jeune épouse se donne à tout venant, la patricienne va à la chasse les seins nus ; l'adolescent est déjà souillé d'un adultère. » Ce bon Juvénal se trompait ; à la dépravation de son temps il faut ajouter celle du nôtre.

Néron, Socrate, Tibère, Nicomède, Philippe de Macédoine, Auguste, César, Othon, Galba, Trajan, Titus, Domitien, etc., furent tous de célèbres pédérastes. Jacques Ier, roi d'Angleterre (l'ami des hommes), Frédéric-le-Grand, Henri III ; les papes Sixte IV, Paul III, Innocent X, Jean XXIII, etc., entretinrent des relations coupables avec des mignons, des favoris et des serviteurs.

Dans quelques grandes villes il y a des maisons clandestines d'hommes. De hauts personnages sont même pris en flagrant délit d'outrages à la pudeur.

Qui ne connaît l'aventure du comte de G... ? Tardieu a signalé un homme d'une position élevée qui se livrait aux actes les plus outrageants sur des enfants de basse condition dont il embrassait passionnément les pieds. Des hommes et des femmes s'introduisent dans l'anus des instruments de toute espèce et de toute forme ; *onanisme anal*.

Si ces passions sont communes partout, la perversité la plus étrange se rencontre parmi des gens dont la moralité devrait être insoupçonnée. La chronique des tribunaux rapporte, entre mille exemples, que le 18 novembre 1896, deux jeunes ouvriers, passant devant le presbytère des Ecrennes (Seine-et-Oise), furent invités par l'abbé Lebouc — nom approprié — à venir se chauffer et boire un verre, ce qui fut accepté. A peine installés, Lebouc tient des propos d'une étrange lubricité et, préparé pour la circonstance, par habitude contractée, il se trouve tout à coup dévêtu et se jette sur l'un de ses invités pour accomplir le plus ignoble des actes contre nature, la pédérastie. L'attaqué se défend, une lutte s'engage, des cris sont poussés, des voisins accourent, les victimes s'expliquent, le curé Lebouc s'esquive. La gendarmerie prévenue fit une enquête qui lui fit découvrir de nombreux actes de sodomie à l'actif de l'abbé en fuite. Le parquet de Melun, quand il se rendit sur les lieux, constata que le vil oiseau s'était envolé vers une région inconnue.

Il est inexplicable que Lebouc, déjà condamné pour crime du même genre, à cinq ans de réclusion, le

24 juin 1887, par la Cour d'assises d'Indre-et-Loire, ait été récompensé par l'évêque de Meaux qui lui confia la direction d'une paroisse où Lebouc fit ce qu'il avait fait ailleurs (1).

Un homme, dans le but de prévenir des fécondations qu'il jugeait trop coûteuses, pratiquait avec sa femme la copulation anale (sodomie). D'une constitution délicate, elle se prêtait par une dure nécessité à ces rapports antiphysiques qui ébranlèrent sa santé au point de la compromettre sérieusement ; il est vrai que la malheureuse ne se doutait pas du danger qu'elle courait. Dans ce cas l'anus s'élargit et forme une espèce de cul-de-sac semblable au vagin ; chez l'homme sodomite la verge est effilée. Il n'y a aucun terme assez expressif, dans aucune langue, pour disqualifier le pédéraste dont la mise est affectée : tiré à quatre épingles, pommadé, parfumé, la raie sur le milieu de la tête, un coin du mouchoir sortant de la poche ; — il prend les airs maniérés de la cocotte et fuit la société des femmes, mais il recherche la compagnie des hommes, surtout imberbes ; dans les foules il touche impudiquement de jeunes garçons et même des hommes mûrs jusqu'à ce qu'il soit tombé sur un client docile ; ce racolage honteux se pratique partout.

Il y a des hommes qui savent cacher jusqu'aux apparences de leur sexe. A Genève, un jeune homme put se faire passer pour fille et entrer, en cette qualité, au service d'une famille ; il ne lui manquait rien pour

---

(1) Lire l'*Armée du Vice*.

donner le change et la supercherie aurait pu durer longtemps sans une circonstance qui fit démasquer cette fausse fille ; c'était un Italien qui fut dénoncé et poursuivi.

Des professeurs et des magistrats abusent de leur sinistre autorité pour se livrer à ce stupre dégradant.

La pédérastie est pratiquée dans les classes sociales de la Chine, chez les enfants, les adultes et les vieillards ; le D$^r$ Matignon, dans son bel ouvrage (1), nous apprend que « tout Chinois qui se respecte, pratique, a pratiqué ou pratiquera » cet acte bestial encouragé par des Européens, ce qui n'est pas à leur honneur. Le mot *t'rous-tse*, qui signifie *lapin*, est une humiliante injure faite à ceux à qui elle s'adresse et il en est de même de l'expression *tsao-pi-ni*, mot à mot : je t'enc... ; mais ce qui est incompréhensible, le simulacre de cet acte ne mortifie aucun Chinois.

La *tribadie* (2) est le nom donné à l'excitation clitoridienne entre femmes passionnées. On donne encore le nom de *saphisme* à ces habitudes, en souvenir de la belle et célèbre Sapho qui fut assez vertueuse, malgré la volupté peinte dans ses vers dont quelques-uns, comme ceux-ci, traduits par Boileau, peuvent donner une idée de l'inspiration érotique qui les a dictés :

(1) « Superstition, crime et misère en Chine », par le docteur Matignon. Ouvrage illustré, prix 10 francs.
(2) Plusieurs romanciers, Th. Gauthier, Balzac, etc., ont écrit des romans dont le motif fut la tribadie.

Heureux qui près de toi pour toi seule soupire,
Qui jouit du plaisir de t'entendre parler,
Qui te voit quelquefois doucement lui sourire !
Les dieux, dans son bonheur, peuvent-ils l'égaler ?

Je sens de veine en veine une subtile flamme
Courir par tout mon corps, sitôt que je te vois
Et, dans les doux transports où s'égare mon âme
Je ne saurais trouver ni de langue ni de voix.

Un nuage confus se répand sur ma vue.
Je n'entends plus, je tombe en de molles langueurs,
Et pâle, sans haleine, interdite, éperdue,
Un frisson me saisit, je tombe, je me meurs.

Les femmes satisfont ordinairement ces plaisirs par *l'onanisme lingual*, très répandu dans toutes les classes de la société.

Dans le chapitre suivant, je m'étendrai plus longuement sur l'onanisme par *excitation clitoridienne*.

# CHAPITRE II

## L'ART DE SE TUER A TOUS LES AGES (1)

### § I

### Différents désordres sociaux

On feint de ne pas remarquer partout la dépravation alors qu'un simple coup d'œil nous montre les villes et les campagnes rivalisant à scandaliser avec plus ou moins de bruit.

Nous verrons le trafic des vierges se faire à Londres comme se fait ailleurs le commerce des esclaves ou la traite des blanches. Rien ne doit étonner quand on sait que la fondatrice de l'*Armée du Salut* osa affirmer, devant une assemblée de quatre mille hallucinés : **qu'une nuit, étant toute nue, elle vit en personne LE CHRIST** et qu'elle conçut de ses œuvres ? Voilà

---

(1) Ce titre fut donné aux cinq premières éditions et celui de *Vices du peuple* aux six autres, mais ces titres jugés non commerciaux par MM. les libraires, le titre actuel, jugé préférable, sera définitif.

de l'amour érotique et de l'onanisme mystique pur ou je n'y entends rien ! A l'instar des Hébreux dont parle Ezéchiel, la maréchale se fit un *dieu viril et paillard*. Ces révélations sont un danger en persuadant des simples d'esprit égarés dans la voie du fanatisme qui est sans religion et sans drapeau, aveuglé qu'il est par la folie pour le triomphe d'idées funestes.

Dans une ville d'eau de la France, un usurier, riche industriel, mettant à profit la gêne dans laquelle se trouvaient de belles mondaines, leur avançait les sommes nécessaires à leurs besoins et, pour tout reçu il se contentait de faire signer un billet ainsi rédigé : *Bon pour tant de rendez-vous !* et le scélérat profitait, à l'occasion, de ses victimes qui, lorsqu'elles étaient mariées, n'étaient exposées qu'à un chantage de rut consenti.

Dans le *grand village* de la Chaux-de-Fonds, un père eut des relations incestueuses, pendant plusieurs années, avec ses propres enfants, toutes au-dessous de douze ans. Une femme M...., avait un registre couvert de cent vingt noms de filles et de femmes qu'elle fit avorter et parmi lesquelles figuraient des membres de familles influentes. Cette affaire fut éteinte pour éviter de salir publiquement des personnalités trop marquantes. Ainsi va la justice, rigide avec les pauvres, complaisante pour les riches.

Les plus petits villages ne sont pas plus édifiants.

Dans un hameau de deux feux, un homme aisé, marié à une jolie femme, déflora plusieurs enfants de 7, 8 et 9 ans ; de telles passions ont l'excuse de prendre naissance dans un cerveau maladif, — cerveau de paralysants. La plupart de ces passionnels, aiguillonnés par des plaisirs lubriques, subissent l'influence d'une excitabilité d'autant plus active qu'elle doit s'éteindre dans la paralysie. Cette fébrilité étant la cause de désordres moraux, on devrait comprendre cet état psychologique parmi les cas de monomanie persécutive et enfermer ces persécutés à perpétuité dans une maison de santé ; moyen plus efficace que la prison à temps qui ne les corrige jamais.

Dans un autre hameau, un homme fit disparaître huit enfants à une fille, sa domestique, et chaque fois, par l'avortement, du cinquième au huitième mois, en lui faisant absorber du seigle ergoté qu'il récoltait lui-même ; étant tombée malade à la suite de ces manœuvres, son amant et maître voulut la renvoyer, mais son ingratitude le servit mal, car cette fille, sur le point de mourir des suites du poison absorbé, dénonça son complice qui fut mis en prison où il mourut.

Dans un hameau de quatre feux (1), les mêmes faits, ou à peu près, se commirent ; ces débordements conduisent souvent leurs auteurs devant les tribunaux.

Tous les journaux ont parlé du scandale qui eut pour théâtre le département de la Vaucluse ; il s'agissait de quinze filles mineures détournées par des

---

(1) Tous ces faits se passèrent dans une même commune du département du Doubs.

vieillards lascifs (à l'Isle-sur-Sorgue). Ce fut une de ces précoces débauchées, dont la plus jeune n'avait pas onze ans, qui, corrompue par une femme, pervertit à son tour ses malheureuses compagnes. Quinze vieillards furent compromis dans cette affaire (1).

## § II

**Onanisme chez les enfants, les jeunes gens et les femmes. — Attouchements solitaires et en commun. — Vices professionnels. — Effets de l'onanisme. — Moyens de les combattre.**

> Ils se promettent des plaisirs nombreux et durables, des jouissances inouïes, et ils ne trouveront que tourments, douleurs, tortures, angoisses inexprimables ! Et l'autel qu'ils élèvent à ce fantôme d'une volupté imaginaire, deviendra pour eux le linceul de la tombe.
>
> PAUMET.

**Enfants.** — Chez les enfants des deux sexes la manie des attouchements se développe dès l'âge le plus tendre ; on dirait qu'un fatal instinct les pousse à se toucher, et en cela ils imitent admirablement les

(1) Lire la *Revue Scientifique*. La *Tribune Médicale*; *Les Fraudes Génésiques*, par Bergeret ; *L'onanisme chez la femme*, par Pouillet.

singes qui sont les plus grands masturbateurs de la création. C'est généralement à l'âge de 4, 5, 6 ans que les enfants sont le plus enclins à contracter cette funeste habitude. Des enfants apportent en naissant les qualités bonnes ou mauvaises des parents, ou à leur défaut, de leurs nourrices et ceux qui naissent avec le vice pour hérédité sont fatalement malheureux et à plaindre. Comme la brute aiguillonnée d'ardeurs, des enfants caressent des appétits lubriques dont ils deviennent la source à laquelle ils ne peuvent puiser sans se tuer (1). De jeunes enfants sont souvent initiés aux attouchements par des domestiques, par des camarades ou par leurs parents. Souvent des petites filles ont des vers qui, de l'anus, vont sur la vulve, causant des démangeaisons insupportables qui les excitent à se gratter, et, pour peu que les parents négligent de les surveiller, il en résultera une habitude funeste qui, une fois contractée, s'enracinera pour ne plus abandonner les victimes. Les habitudes vicieuses font d'autant plus de ravages sur les jeunes gens qu'ils s'y livrent avant leur entier développement.

Dans les campagnes, le nombre des jeunes gens qui déflorent des petites filles de 8, 9, 10, 12 ans est considérable. La liberté donnée aux enfants est la cause qui les perd le plus souvent; car, dans les champs, dans les bois, sur le bord des chemins, la curiosité les poussent à s'amuser *au mariage*.

---

(1) Lire *L'Amour*, 2 fr. Michalon, éditeur, 26, rue Monsieur-le-Prince, Paris.

Des pères, des frères et des oncles poursuivent fréquemment leurs filles, leurs sœurs, leurs nièces de 14, 15, 20, 25, 30 ans. Des pères dénaturés empêchent le mariage de leurs filles pour se les réserver ou, chose infâme, ils les prostituent pour vivre de leur débauche.

Il y a des mères qui vivent matrimonialement avec un fils et ces abominations ne font pas rougir les criminels qui osent violer les lois les plus sacrées, ne se distinguant pas des bestiaux.

« Les exemples domestiques, a dit judicieusement Juvénal dans sa XIVe Satire, nous corrompent plus vite et plus sûrement quand le vice pénètre en nous par des modèles d'une autorité imposante. »

Les enfants qui ont été initiés au fatal secret des attouchements sexuels arrivent, à l'âge de la puberté, corrompus par le vice, et le flambeau de la vie commence souvent à s'éteindre quand il n'est qu'à peine allumé. Les moyens, tant physiques que moraux, employés par ces infortunés, varient à l'infini. Ils se polluent jusqu'à perdre leurs forces et leur santé ; ils se corrompent le plus souvent avec la main, et y sont portés par des lectures érotiques, par des conversations impudiques ou par de mauvais exemples. Ils se masturbent mutuellement : dans les collèges (1) des jeunes gens se livrent à ce vice perni-

---

(1) Le chef d'un de ces établissements, homme sévère, me déclara ainsi son impuissance : « Ce n'est pas un principal qu'il faudrait ici, mais un médecin. »

cieux. Quelquefois, la nuit, dans les dortoirs, deux enfants couchent dans le même lit pour se livrer à des actes contre nature ; ils ont le soin de choisir une heure assez avancée pour ne pas éveiller l'attention des surveillants. Ils obtiennent le même résultat en se plaçant sur le ventre et en concentrant leur esprit sur un tableau obscène ou en pensant aux femmes ; alors l'éjaculation du sperme se fait d'autant plus rapidement que le frottement de la verge sur le drap active l'opération. Ceci se passe fréquemment dans tous les pensionnats, mais surtout dans les maisons religieuses où des maîtres se prêtent sur leurs élèves à des caresses coupables. Enfin, des jeunes gens se corrompent encore en palpant des animaux et en cherchant à faire l'acte du coït avec eux. Des hommes de 20, 25, 30, 40 ans et plus agissent de même.

**Filles et Femmes.** — Des filles de 16, 17, 20, 25, 30, 35, 40, 45 ans, se corrompent seules de mille manières. Quelquefois, avec la seule force de leur imagination se portant sur des souvenirs lascifs, elles se polluent. Ce fut par ce moyen qu'une maîtresse du plus grand général du xviiie siècle, se tua, à l'âge de 17 ans, appelant à son aide, plusieurs fois par nuit, l'image de son amant. Beaucoup de jeunes filles se tuent ainsi, et, pour faire avancer plus rapidement la dernière heure, elles ajoutent le cloître à leur première misère. Là, dans la solitude, appelant Dieu à leur secours, elles abandonnent la prière pour se livrer pendant des heures entières à de frénétiques attouchements. Des filles se polluent encore, en prenant des positions immodestes, en se palpant les seins, les organes génitaux, ou en s'introduisant dans ces parties des corps étrangers de toutes formes, tels que du bois, du fer, des étuis, des légumes, des fleurs, etc. Elle se contentent jusqu'au sang. Avec des compagnes, elles se livrent au même désœuvrement jusqu'à en suer de fatigue et d'épuisement ; dans ces conditions, elles exercent l'une sur l'autre l'acte qui constitue la *tribadie* (onanisme lingual, clitoridien). Il n'est pas très rare de voir deux filles vivre ensemble dans une très grande intimité ; elles on juré de ne point se marier pour ne jamais se quitter. Des femmes mariées quittent même leurs maris pour vivre ainsi ; les femmes qui ont le clitoris très développé y sont souvent enclines ; elles s'amusent, disent-elles, *à l'homme* ! (1)

Avec les hommes et les jeunes gens, des filles font tout ce que l'on peut imaginer. Elles se procurent également des sensations voluptueuses en caressant les animaux et en cherchant quelquefois à faire l'acte du coït avec eux ; toutefois l'acte de la bestialité est plus rare chez les femmes et les filles que chez l'homme et les jeunes gens ; mais en revanche, elles se polluent plus souvent. Des *cocottes*, *des entretenues* et des *femmes du grand monde* élèvent des chiens qui ne sont que des instruments de débauche.

---

(1) Un grand prince ayant surpris son épouse, voluptueuse tribade, dans les bras d'une autre femme, trancha de son épée son clitoris et elle fut guérie de sa passion.

Pour faciliter ce plaisir bestial elles s'enduisent les parties sexuelles de corps gras que ces animaux lèchent avec avidité et dont ils gardent l'habitude. Souvent des filles ne se marient pas pour garder l'ami de leurs passions et quelques-unes poussent l'immoralité à faire, par testament, des rentes à des quadrupèdes favoris.

Des femmes montent à cheval pour se polluer, leur selle étant tout à fait propre à produire des frottements préjudiciables à leur santé.

Avec la machine à coudre et la bicyclette des dames provoquent le frottement des cuisses, ce qui les énerve et les épuise ; cependant des praticiens recommandent la bicyclette pour corriger certains cas pathologiques, comme la *ménorragie* liée à une faiblesse organique ; dans ce cas la machine provoquerait une sorte de gymnastique salutaire, sans empêcher les résultats dont je viens de parler. La bicyclette est surtout un auxiliaire commode de rendez-vous amoureux. Si tant de femmes et de filles chérissent la bécane, qu'elles appellent *leur homme d'acier*, c'est que cet instrument provoque de dangereux spasmes voluptueux, en développant chez elles la névrose.

Une femme, qui, pour une cause quelconque, n'a pas d'affection pour son époux, n'éprouvera aucune jouissance et alors non satisfaite elle y suppléera par des attouchements plus énervants mais plus nuisibles. Si, par pitié, elle veut faire croire qu'elle éprouve du plaisir elle simulera les mouvements et le souffle qui précèdent l'énervation ou portera son imagination sur l'objet de ses préférences, se prostituant moralement dans les bras de son mari.

Il est inconcevable que des femmes mariées préfèrent se polluer que d'avoir des relations avec leurs maris, en voici une preuve, elle émane d'un homme fort épris de son épouse : « Ma femme, âgée de 35 ans, bien constituée, forte, très brune et armée n° 1 (sic) éprouve le besoin de se masturber et préfère cette ignominie, je suppose, aux meilleurs rapports avec son mari. Jalouse de moi et des femmes qui m'environnent, elle me refuse net (1), surtout lorsqu'elle s'est assouvie. Dieu, ce que je suis malheureux ! J'aime cette femme et je ne peux m'habituer aux autres ; aussi je voudrais la ramener à son état normal, car elle se tue. Comment comprendre qu'une femme, se disant aimante, refuse le devoir à un mari pour se livrer à des attouchements nuisibles ? Il est vrai qu'elle oppose son refus, très formellement, lorsqu'elle s'est abrutie cinq ou six fois, etc. »

Si le clitoris est assez haut placé pour que le pénis ne puisse le toucher, cet organe érectile n'étant pas excité, la femme, impatiente d'être satisfaite, se livre à des attouchements qui font naître la volupté.

Des veuves, en songeant aux plaisirs qu'elles ont éprouvés, retenues par les difficultés d'une nouvelle union ou par un motif de convenance, se livrent aux attouchements secrets, préférant cette égoïste jouis-

---

(1) Selon Mme de Gasparin : « Une femme ne doit jamais dire non à son mari » et c'est fort juste.

sance à celle que procure un amant avec qui elles redoutent des enfants.

**Religieuses**. — Dans les couvents, des religieuses se masturbent quelquefois entre elles ; elles se pressent dans les bras l'une de l'autre en se donnant des baisers brûlants sur les lèvres; elles se palpent les seins et toutes les parties du corps ; enfin, elles se polluent avec des objets de toutes espèces. Une religieuse, jeune et jolie, habituée à se polluer avec une rose à peine épanouie, passait des nuits entières avec cette fleur qu'elle pressait passionnément entre ses cuisses, et, la pensée aidant, elle jouissait plusieurs fois par nuit. Cette malheureuse confessait bien sa faute en prenant toujours la résolution de ne plus recommencer, mais sa volonté affaiblie et ses sens irrités la faisaient sans cesse retomber. C'est bien le cas de dire, avec un père de l'Eglise : « La femme se donne souvent à Dieu quand le diable n'en veut plus. »

Il ne faut pas être surpris que les couvents se peuplent de gens se condamnant volontairement à une prison temporaire ou perpétuelle pour se livrer à la prière et à la méditation qui finissent par leur procurer des charmes particuliers dus à l'*érotisme mystique* (1). Sous l'influence du jeûne, le cerveau s'affaiblit et l'hallucination s'empare de l'esprit qui est le jouet de visions étranges. Par un effet réflexe le corps éprouve des sensations voluptueuses d'une grande intensité et sous l'influence d'une méditation contem-

---

(1) Lire *L'Amour*, 2 fr.

plative tout l'être est secoué de convulsions érotiques qui atteignent un degré de jouissance inexprimable ; c'est dans cet état que se produit l'extase attribuée à une grâce céleste, miraculeuse, et ce sont toujours les sujets les plus débiles qui succombent les premiers aux épreuves du cloître, s'unissant plusieurs fois par nuit d'esprit et de corps à l'image matérialisée du divin désiré. Si nous laissons de côté l'intervention de la piété, celle de la magie et tant d'autres absurdités, nous serons obligé d'admettre pour cause de ces troubles une influence naturelle, car les images entrevues, les êtres désirés, vus, sentis. n'ont exalté l'imagination et par elle les sens qu'à la suite de préparatifs, volontaires ou non, et l'acte de rêve paraît si vraisemblable au réveil qu'on est confondu, presque honteux, d'avoir été le jouet d'une illusion. Le rêve est souvent le résultat d'une impression vivement ressentie à l'état de veille et s'il y a des personnes qui rêvent rarement (je suis de ce nombre), il y en a d'autres qui rêvent toutes les nuits ; mais lorsque le sommeil n'est pas provoqué par une volonté étrangère il y a toujours autosuggestion, surtout quand le désir prépare le tableau nocturne qui est durable grâce à une plus ou moins vive impression mentale, ce qui constitue un simple *phénomène psychique*.

Dans son livre : *Le Satanisme et la Magie*, Jules Dubois, au chap. V, page 278s et suivantes, s'exprime ainsi : « De nos jours, il était dit que nous aurions des professeurs d'érotisme mystique (1). Tout le phénomène selon eux, dépend de l'autosuggestion. En somme, ils prétendraient n'enseigner qu'un onanisme plus subtil, la possibilité de posséder, par l'illusion, qui l'on désire, mort ou vivant, pourvu que l'on en ait une image nette. »

Cela est souvent ainsi, mais cet *onanisme mental* n'est réel qu'à l'état de veille ; dans le sommeil il ne peut être question d'onanisme, l'homme n'ayant plus son libre arbitre ; car si l'esprit travaille, le corps y participe inconsciemment, toute perte de semence, toute éjaculation ne constituent pas l'onanisme, à preuve la spermatorrhée nocturne, chez les continents, accompagnée ou non de rêves voluptueux ; c'est une cause accidentelle, involontaire, qui produit un effet naturel ; c'est le trop plein d'un vase qui déborde ; la coupe s'emplit à nouveau, goutte à goutte, pour se revider à intervalles plus ou moins longs, mais inévitables, et cette perte agissant sur l'influx se porte au cerveau qui répercute la sensation sur tout l'organisme secoué de frissons sensuels indiquant qu'un tribut a été payé aux lois violées de la nature.

Ce qui constitue un véritable *onanisme mental*, c'est l'énervement provoqué dans certaines circonstances ; par exemple, voici des jeunes filles qui parlent d'un jeune homme qui leur a plu ; elles font le pari, entre elles, de rougir chacune la première en pen-

---

(1) Il y a longtemps que des professeurs opèrent dans les couvents et les pensionnats religieux.

sant au jeune homme ; le pari est tenu, le silence se fait, chacune plonge ses regards dans le vague en imprimant l'image de l'homme dans son esprit ; les bras sont croisés, les jambes allongées, immobiles ; après 2, 3, 4, 5 minutes au plus, l'une d'elles rougit, se sent mouillée, elle a remporté la palme du nervosisme imaginatif. En voici un autre exemple, non moins curieux et original. Par une chaude journée d'été, dans un établissement universitaire, quatre jeunes gens font un pari pour celui qui éjaculera le premier, sans autre agent que la volonté et le soleil pour auxiliaire ; nos quatre étourdis se couchent sur le dos — tout habillés bien entendu — et moins de deux minutes après cette exposition, l'un d'eux se relevait vainqueur. Ces actes relèvent de l'autosuggestion, c'est indéniable ; mais quels sont ceux qui, à l'état de veille, n'ont pas une cause réfléchie, suggestive ?

Je reviens aux citations de J. Dubois.

« Voici la méthode pour qui veut agir seul.

« Après avoir fixé sa pensée sur l'objet convoité et
» avoir *voulu* qu'il se donne, le succubiste ou l'incu-
» biste pénètre dans les territoires diffus de l'hypnose
» par la fixation intense du regard. La léthargie, puis
» la catalepsie ne tardent guère. Pour en échapper,
» irruant aux clairvoyances du somnambulisme, une
» source lumineuse est nécessaire, qui, frappant à
» point les paupières, y suscite le réflexe et permet à la
» suggestion de prendre corps. L'opérateur est prépa-
» ré pour l'approche du fantôme (que son imagination
» fait naître). Un bandage que les pharmaciens ont

» nommé la « contre-partie », aide à l'organisme vé-
» nérien, facilite la volupté, jusqu'à ce que, l'habitude
» ayant dompté les hésitations charnelles, ce subter-
» fuge devienne inutile, tant la suggestion palpite, re-
» vêt une chair obsédante avec toutes les propriétés
» des corps vivants, saisissable par ses formes, ses
» couleurs, son odeur, son goût, les sons qu'elle émet.
» Un être véritable enfin, amant ou maîtresse, iden-
» tique à la personne convoitée, est toujours docile !

» Ce misérable raffinement valait la peine d'être dé-
» couvert pour être flétri. (Comme si on pouvait flétrir
» l'hallucination, le rêve, la folie). Voilà vraiment le
» vice le plus ladre, le péché sensuel de l'avare. l'u-
» nion économique et pratique avec le néant ou l'en-
» fer, etc...

» Comparez cette cafarde mise en scène à la des-
» cription térébrante, précise et effrayée que M. Huys-
» mans nous a transmise de l'accointance satanique
» en son roman d'*En route* ».

Dans ce roman, il s'agit d'un certain Durtal, dont l'imagination maladive subit les *influences satani-
.ques*. Le diable excuse tout, la folie et la perversité.

Ecoutons le narrateur :

« Il (Durtal) vécut la plus épouvantable des nuits ;
» ce fut si spécial, si affreux, qu'il ne se rappelait pas,
» pendant toute son existence, avoir enduré de pa-
» reilles angoisses, subi de semblables transes.

» Ce fut une succession ininterrompue de réveils
» en sursauts et de cauchemars.

» Et ces cauchemars dépassèrent les limites des

» abominations que les démences les plus périlleuses
» rêvent. Ils se déroulaient sur les territoires de la
» Luxure et ils étaient si particuliers, si nouveaux pour
» lui, qu'en se réveillant, Durtal restait tremblant, re-
» tenait un cri.

» Ce n'était plus du tout l'acte involontaire et con-
» nu, la vision qui cesse juste au moment où l'homme
» endormi étreint la forme amoureuse et va se fondre
» en elle ; c'était ainsi et mieux que dans la nature,
» long, complet, accompagné de tous les préludes, de
» tous les détails, de toutes les sensations, et le déclic
» avait lieu, avec une acuité douloureuse extraordi-
» naire, dans un spasme de détente inouï.

» Et, fait bizarre, et qui semblait marquer la diffé-
» rence entre cet état et le stupre inconscient des
» nuits, c'était en outre de certains épisodes ou des
» caresses, qui ne pourraient que se succéder dans la
« réalité, étaient réunies, au même instant, dans le
» rêve, la sensation nette, précise, d'un être, d'une
» forme fluidique disparaissant avec le bruit sec d'une
» capsule ou d'un coup de fouet, d'auprès de vous,
» dès le réveil. Cet être, on le sentait distinctement
» près de soi, si près, que le linge dérangé par le souf-
» fle de sa fuite, ondulait et que l'on regardait, effaré,
» la place vide.

» Ah çà, mais, se dit Durtal, quand il eut allumé la
» bougie : cela me rapporte au temps où je fréquen-
» tais Mme Chantebonne ; cela me réfère aux histoires
» du « Succubat ».

Ici le succubat du pauvre Durtal n'était autre chose qu'une illusion lascive influençant ses sens exaltés.

Et l'histoire continue :

» Il restait ahuri sur son séant, scrutait avec un vé-
» ritable malaise cette cellule noyée d'ombre. Il con-
» sulta sa montre, il n'était que onze heures du soir.
» — Mon Dieu, fit-il, si les nuits sont comme celles-là dans les cloîtres !.... »

Les nuits sont mieux que cela dans les cloîtres où la réalité ajoute de nouveaux charmes à l'illusion pour de *saintes filles* hystériques.

L'anecdote se termine ainsi :

« D'authentiques excès l'eussent moins abattu que
» cette fausse noce, mais ce qui lui semblait surtout
» odieux, c'était l'inassouvissement que laissait le viol
» de ces larves. Comparées à leurs avides manigances,
» les caresses de la femme n'épandaient qu'une volupté
» tempérée, n'aboutissaient qu'à un faible choc ; seu-
» lement l'on restait enragé de n'avoir étreint que le
» vide, d'avoir été la dupe d'un mensonge, le jouet
» d'une apparence dont on ne se rappelait même plus
» les contours et les traits. On en arriverait forcément
» à désirer de la chair, à souhaiter de presser contre
» soi un véritable corps et Durtal se mit à songer à
» Florence ; elle vous désaltérait au moins, ne vous
» quittait pas ainsi, pantelant, fiévreux, en quête d'on
» ne saurait quoi, dans une atmosphère où l'on était
» environné, épié, par un inconnu qu'on ne pouvait
» discerner, par une ombre que l'on ne pouvait fuir ».

Parmi les phénomènes d'ordre physique voici une

impression intime dont le souvenir ne s'effacera jamais de ma mémoire ; n'ayant jamais vu et entendu la description de pareilles sensations, j'en conclus qu'elles sont fort rares puisqu'elles passent inaperçues. Or, ce que j'ai ressenti ne peut passer inaperçu ni s'oublier :

J'avais près de 13 ans, fort pour mon âge, je n'avais jamais été atteint d'une affection nerveuse, je dis cela pour écarter toute idée qu'il pût s'agir d'une névrose ; j'étais vif, emporté par circonstance, mais rapidement calmé ; le caractère dominant chez moi, qui a toujours persisté quoique souvent corrigé par le raisonnement, fut la ténacité de la volonté et je ne sais si je dois plutôt m'en plaindre que m'en réjouir. Ignorant les habitudes vicieuses, j'étais en vacances, lorsqu'un matin, par une chaude matinée du mois d'août, à l'heure habituelle du lever, je sentis dans tout mon être une impression étrange qui tenait à la fois du malaise et du plaisir. Inquiet, ne me doutant pas de quoi il s'agissait, je voulus me lever, mais les mouvements que je fis me jetèrent dans un état indescriptible ; chaque particule de mon corps était le siège d'une jouissance si forte qu'elle provoqua une angoisse de peur mêlée à une agitation sensorielle d'une telle acuité que je craignis d'en mourir ; je me tordais comme un ver que la douleur convulsionne ; la chaleur du lit augmentant cet état, je voulus en sortir, mais je tombai sur le plancher et il me fut impossible de me relever ; je me roulais et à tout moment j'aurais crié si je n'eusse été retenu par un sentiment de secrète pudeur. Ce désordre physique dura plus d'un quart d'heure ; sans le savoir j'étais passé de la puberté à l'état nubile et il est impossible d'éprouver de plus énervantes sensations. Je m'en souviens comme si c'était d'hier et je regrettai de n'être pas mort pendant ou après cette crise ; car alors, je vivais d'illusions, ignorant les grands phénomènes de la nature. Depuis, je n'ai jamais rien éprouvé de semblable.

**Maisons d'éducation.** — Parmi les jeunes filles, beaucoup apprennent bien des choses ; elles savent généralement tout, non par ce qu'il n'est pas bon qu'elles le sachent, mais par ce qu'elles l'ont appris confidentiellement d'une camarade corrompue. L'une d'elles a fait une confidence, a vu ceci, a fait cela ; après les questions viennent les réponses et ces histoires, qui les amusent, elles se les disent toujours mystérieusement, comme une chose malsaine, puis elles se livrent à des attouchements frénétiques, principalement la nuit. Dans ces cas, leur imagination est le siège d'un travail érotique que la crainte d'un dérangement active encore.

Dans les classes, en s'asseyant de certaine façon, en se croisant les jambes l'une sur l'autre, elles se font *rougir*, comme elles disent. Elles se corrompent encore comme les religieuses.

On rencontre souvent des jeunes filles nerveuses, d'une constitution délicate, qui ont le sang anémié ; dans leurs veines coule un torrent de feu qui enflamme leurs yeux et consume leurs sens. Sensitives ruinées, elles succombent dans les dernières convulsions d'une douloureuse jouissance. Elles souffrent de l'estomac et des entrailles; elles ont des névralgies ou des crises nerveuses; la digestion est pénible et la vue est faible; la toux commence, sèche d'abord, annonçant l'agonie d'un être qui ne tardera pas de succomber sous le feu de la consomption.

Les jeunes filles adonnées aux plaisirs solitaires sont facilement reconnaissables, car elles perdent toute retenue en voyant quelqu'un qui leur plaît; au lieu de conserver leur gaieté et leur franchise, elles deviennent tristes, rêveuses et plus ou moins capricieuses. Leur fraîcheur disparaît, les yeux, fatigués, sont entourés d'un cercle noir ou bleuâtre, comme cela arrive pendant l'écoulement menstruel; elles ont enfin des *flueurs blanches* abondantes qui augmentent l'épuisement occasionné par un abus meurtrier. Il y en a qui se polluent quatre, cinq, six et huit fois par jour; elles se touchent principalement le matin avant le lever, ou le soir avant de s'endormir; elles le font également le jour, aussi bien qu'au milieu de la nuit. La généralité des victimes de cette passion se masturbe 7 à 8 fois par semaine.

**Ateliers.** — Les ateliers, théâtres d'intrigues amoureuses, sont des boîtes à billets doux et le lieu de *rendez-vous*. Une jeune fille a-t-elle un amant à l'insu de sa famille, elle lui donne son adresse à l'atelier où chaque soir il va l'attendre pour l'accompagner dans des lieux solitaires. Dans les ateliers, les jeunes filles apprennent les contes les plus lubriques, les chansons et les histoires les plus obscènes et il n'est pas rare d'en rencontrer qui soient mères ; souvent même c'est la maîtresse qui donne cet exemple de précocité. Il est donc facile aux jeunes filles naïves et innocentes de tomber dans le vice quand elles sont en pareille compagnie.

**Confession.** — La confession a perdu plus de femmes que l'amour. Des jeunes filles vont se confesser à des prêtres jeunes, plutôt par caprice que par devoir ; d'autres, vicieuses, y vont dans le but de pervertir le confesseur qui devient souvent victime ou complice de la débauche. Le célibat est le plus grand danger auquel soient exposées les jeunes filles et les ecclésiastiques ; car le confesseur, oubliant son rôle, franchit la barrière des convenances pour forcer la pénitente à comprendre ce qu'elle ignorait ; alors l'intimité devient grande ; l'un et l'autre s'excitent l'imagination et la pénitente devient promptement la maîtresse du prêtre qui cherche, après des relations trop fréquentes, à se débarrasser de l'infortunée qui va au loin, si ce n'est dans la tombe, cacher sa honte. Quelquefois, mais plus rarement, c'est une fille déjà perdue qui va se jeter aux pieds d'un ecclésiastique qu'elle désire avoir pour amant, c'est alors que les attouchements commencent promptement. On dénonce fréquemment des attentats commis dans les mêmes circonstances sur des enfants, mais ceux qui restent inconnus sont innombrables. Beaucoup de prêtres ont avec eux des jeunes filles ou des femmes qu'ils disent être des sœurs, nièces ou cousines et qui ne sont souvent que des maîtresses, quand elles ne sont pas l'une et l'autre. Ils ont aussi des bonnes qui, sous une fausse dévotion, cachent les apparences ; mais l'indiscrétion gâte souvent les affaires.

» Quand un prêtre, a dit un fougueux prélat, sort du
» séminaire pour vivre dans le monde dont il s'est
» fait un tableau imaginaire, il est exposé à tous les
» pièges de la séduction que lui offre si fréquemment
» le tribunal de la pénitence. Le prêtre se sent homme
» et, quand il est aiguillonné par des besoins impé-
» rieux, il devient comme un taureau furieux, il se
» jette sur les vaches du peuple. » Et souvent aussi sur de jeunes vierges.

La confession auriculaire, rendue obligatoire par Innocent III au commencement du XIIIe siècle, est une arme perfide et immorale, mais comme on pourrait invoquer, sur cette question, mon incompétence, je vais reproduire quelques citations de l'ex-père des Pilliers qui a été vingt-deux ans sous les ordres. Des Pilliers, ancien prêtre et vicaire de Clairvaux (Jura), jadis bénédictin de Solesmes (Sarthe), fondateur et premier supérieur de l'Abbaye d'Acey (Jura), fut bien placé pour fournir, sur les intrigues du confessionnal, des témoignages que les profanes ne peuvent connaître que fortuitement.

Dans sa *Confession auriculaire*, cet ancien moine dit, page 48 : — « Le père Gloriot, supérieur des jé-
» suites de Dôle, me dit un jour que l'évêque de
» N..., auquel il recommandait d'interdire un curé du
» voisinage, ayant l'impudeur de vivre ostensible-

» ment avec sa pénitente, femme du maire, lequel s'y
» prêtait volontiers, parce qu'il avait dissipé sa for-
» tune et que le curé riche, et chasseur comme lui,
» faisait bouillir la marmite à tous trois ; le P. Gloriot
» me dit donc que le prélat lui fit cette réponse : —
» Et comment voulez-vous que j'agisse exceptionnel-
» lement contre ce curé, mon cher Père ! Il est le
» seul que vous connaissiez, dans mon diocèse, en
» aussi pitoyable situation. Mais moi, j'en connais
» *plus d'un cent qui vivent maritalement, d'une*
» *façon sacrilège,* avec la femme de quelque habi-
» tant de leur paroisse, et quelquefois *avec plusieurs.*
» Je ne dis rien de ceux dont les servantes sont les
» concubines, de ceux qui me dénoncent journelle-
» ment celles de leurs pénitentes qui n'ont pas voulu
» condescendre à leurs propositions impudiques.
» Voyez, mon Père, il me faudrait, pour être impar-
» tial, interdire au moins les trois quarts de mon
» clergé. Mais le scandale serait affreux. Personne, il
» est certain, ne croirait plus à la vertu d'aucun
» prêtre... Le remède est infiniment pire, ici, que le
» mal. Ce dernier subsistera tant que subsisteront le
» *célibat ecclésiastique* et la *confession auricu-*
» *laire.* Eh bien, les supprimer, ce serait renverser
dans ses fondements notre catholicisme actuel. »

A la page 51, des Pilliers s'exprime ainsi :

» Un très respectable prêtre, curé d'un chef-lieu
» d'arrondissement du centre de la France, m'exprima
» son chagrin de voir son ministère infructueux, vu

» que, se trouvant le successeur d'un curé qui s'était
» servi du confessionnal pour rendre mères, de par
» ses œuvres, une centaine au moins de ses plus
» riches et plus belles pénitentes, aucun de ses paroissiens ne voulait plus s'approcher du confessionnal...

« Un supérieur général d'Ordre religieux, d'une grande *piété*, m'assura connaître un couvent dont *toutes les religieuses sans aucune exception*, de la supérieure à la tourière, étaient devenues, *avant l'acte*, et *sans remords après*, les très complaisantes maîtresses de leur aumônier. Cet impudique usait du confessionnal pour les persuader qu'étant lui-même, en sa qualité, un autre Christ (*Sacerdos alter Christus*) un moyen pour elles de se livrer corps et âme à lui, son représentant sur la terre. Il était le dispensateur des grâces spirituelles, comme aussi de toutes les jouissances du cœur. L'union parfaite avec Jésus, leur disait-il, ne pouvant plus avoir lieu corporellement, puisque ce corps divin est dans le ciel, il a daigné pourvoir aux besoins des âmes pures désirant ardemment l'union comme épouses, en se faisant remplacer auprès d'elles par leur confesseur. Mais c'est à ce dernier à juger quelles sont celles qui sont parvenues, à force d'éminentes vertus, à mériter l'*union parfaite* et *consommée*. Or, la première de ces vertus, la plus indispensable, était la discrétion complète à l'égard des grâces suréminentes à recevoir encore après maintes épreuves de la plus infernale habileté. Leur pervertissant tout d'abord l'esprit et le cœur, il les caressait *plus ou moins*, suivant qu'il les trouvait plus ou moins avancées dans les sortes de vertus qu'il leur souhaitait, puis il finissait par leur inspirer un désir effréné de la *faveur insigne*, et c'était alors elles-mêmes, qui, tout éperdues, sollicitaient de sa charité sacerdotale et compatissante, en s'offrant sans réserve à lui-même, en se jetant dans ses bras, l'accomplissement de l'*union parfaite*. Or, pareille conduite a duré nombre d'années sans transpirer au dehors...

Ce prêtre s'était sans doute inspiré du symbole de la croix trouvée dans le sol du temple de Sérapis et plus encore du texte de l'Evangile primitif dont parle le pape Clément, contemporain de Tacite, Saint-Irénée et Saint-Justin : « *Mon règne a lieu*, dit le Seigneur à Salomé, *quand on foule aux pieds le vêtement de la pudeur* ; quand le dehors est vers le dedans, quand deux ne font qu'un ; *l'homme et la femme*, ni homme ni femme. »

« Une jeune novice, de noble origine et de vertu plus noble encore, étant entrée en ce couvent, ne fut pas longtemps sans se douter que certaines privautés de religieuses et de novices elles-mêmes avec leur aumônier devaient trahir certains désordres secrets. D'ailleurs, l'aumônier, épris de la beauté rare et des manières exceptionnellement gracieuses de la novice en question, commit, dans son impatience à jouir d'elle au plus vite, une grave imprudence. Il lui montra d'abord trop clairement le but final de ses investigations lubriques. Puis, tourmenté par sa passion montée au paroxyme, il en vint une autre fois, dans le confessionnal même, à révéler à sa jolie et enchanteresse pénitente ce qui se passait entre lui, confesseur, et toutes les religieuses *sans exception*, lui faisant envisager comme une faveur *exceptionnelle* et sans *précédente*, d'avoir été, simple novice encore, appelée à l'*union parfaite et consommée* avec Jésus-Christ, agissant par son représentant le confesseur. »

« La pieuse novice, outrée et stupéfaite au-delà de toute imagination, eut assez de sang-froid pour se contenir et demander du temps... Alléguant même une indisposition physique et passagère, elle prend ainsi congé du loup enfermé dans le bercail...

« A dater de ce moment, elle ne songea plus qu'au moyen de s'évader, mais, sans révéler à qui que ce fût dans le couvent son intention fixe. Après avoir, durant quinze jours, dissimulé sa peine et sa honte autant que son profond dégoût d'avoir tenu pour une maison de Dieu le plus ignoble des lupanars, elle prit ses précautions avec sagesse afin de s'en échapper sûrement... Un soir, elle s'enfuit à toutes jambes à la station du chemin de fer la plus rapprochée... Elle se rendit, le lendemain, auprès de l'évêque, à qui seule elle voulut révéler le ravage opéré dans le bercail par le loup noir déguisé fatalement en berger.

« C'est de ce même évêque, informé d'abord par la novice, dont une enquête minutieuse, dirigée avec habilité, *confirma tous les faits*, que ce supérieur général français tenait la révélation qu'il m'a faite à son tour lui-même à Rome, en 1856...

« Ce fait est d'ailleurs conforme à ce que j'ai vu moi-même, en 1850, dans un couvent du centre de la France :

« Une religieuse bourrelée de remords pour s'être ainsi livrée aux infâmes désirs de l'aumônier, me fit des aveux que la bienséance m'interdit... d'exprimer. Les détails en sont d'une lubricité révoltante. Et moi-même avais surpris, deux heures avant la communication, ce même aumônier, ce misérable, ayant sur ses genoux, pressée entre ses bras et sur sa poitrine, avec ses lèvres sur les siennes, une des plus jolies novices du monastère, à laquelle il affirmait que c'était précisément en cela que consistait **le bonheur promis à ceux et à celles que Dieu poussait à tout quitter pour le service dans le cloître...**

— Oui, leur disait-il, c'est là le **centuple obtenu dès cette vie, en attendant l'éternelle félicité de l'autre monde.**

« Or, l'aumônier, que je me permis de réprimander à ce sujet, me dit que *tout était paternel de sa part*, et que ce moyen avait été pris par lui pour empêcher les novices de s'ennuyer dans le cloître et de regretter les parents, les amis, les prétendants laissés au milieu du siècle et qu'il *les préparait toutes* à CELA, dans le confessionnal, pour me démontrer avec clarté qu'il n'y mettait point de passion, mais de la *paternité pure*. « Elles sont *mes pieuses enfants !* »

« Ayant rapporté ce colloque à la religieuse en question, elle me dit à son tour :

— Ce n'est que trop vrai. Ce débauché se comporte ainsi non seulement à l'égard de *toutes les novices en question*, mais à l'égard du *plus grand nombre* des religieuses elles-mêmes, etc...

« Ces choses abominables sont le fruit naturel de la *Confession auriculaire*...

« Or, ce qui se passe au couvent se réalise aussi dans le monde... »

Pour juger des viles passions des prêtres il suffit de jeter chaque semaine un coup d'œil sur les feuilles judiciaires de tous les pays.

En France, les condamnations prononcées en 1896, contre des hommes d'Eglise, s'élevèrent à **deux cent quarante** dont **cinquante-quatre** pour attentats aux mœurs, — viol, sodomie, infanticide, — **frères, prêtres, moines, religieuses, camériers**, rien n'y manque. Ces condamnations, pour cette seule année, donnent un total de 225 années de travaux forcés ou de prison et de trois condamnations à perpétuité. Si l'on connaissait tous les passionnels du clergé et les victimes qu'ils souillent, on serait épouvanté (1).

Les journaux de fin d'année 1896 signalèrent l'abbé Chevanérian, curé de Saint-Denis-Yonvarnazat, qui fut arrêté sous la prévention d'attentats à la pudeur commis sur des fillettes de dix ans ; ce prêtre devait passer aux assises, mais il n'eut pas le courage d'attendre son jugement, il se pendit dans la cellule de sa prison, à Reims.

Le père Godard, de la Compagnie de Jésus, con-

---

(1) Lire *Les Débauches d'un Confesseur*, *La Confession d'un Confesseur* et *Le Couvent de Gomorrhe*.

damné à trois ans de prison par la Cour d'assises de la Seine-Inférieure, pour attentats à la pudeur sur une petite fille de douze ans, dans un pensionnat religieux de Rouen.

Les journaux suisses, à la même époque, annoncèrent ainsi l'arrestation d'un capucin dans le canton de Soleure : « La police d'Olten a procédé à l'arrestation d'un capucin, le père Albert Thum, originaire de Benken, dans le canton de Saint-Gall.

« Ce personnage, qui remplissait provisoirement les fonctions de curé à Balsthal, avait commis un grave attentat aux mœurs. »

Un président de l'Union chrétienne, à La Chaux-de-Fonds, mit enceinte sept femmes, et non content de cet exploit, il viola de nombreuses fillettes.

En janvier 1897, un chef momier, prédicant libre et passionné, très en vue à La Chaux-de Fonds, fut conduit en prison pour des actes que réprouve la morale. Il avait mis enceinte sa belle-sœur, une cousine et violé une fillette de douze ans. Fiez-vous donc à ces gens qui parlent toujours benoîtement de Dieu, du Christ, de la charité chrétienne, prêchant dans les gares et les wagons les bienfaits de la tempérance ! Tas d'hypocrites, va !

En Belgique, un de ces *bons frères*, instituteur catholique du nom d'Aerts, fut condamné, par la Cour d'assises d'Anvers, pour CINQUANTE ATTENTATS A LA PUDEUR sur ses élèves, à cinquante peines de 2 ans de prison. En cette même année, plus de TROIS CENTS PIEUX DÉBAUCHÉS furent condamnés.

L'année 1898 commença par de nombreuses condamnations dont la plus sensationnelle fut celle du misérable Jordi, condamné, au mois de janvier, à la peine dérisoire de cinq ans de prison, pour violences, tortures, attentats à la pudeur sur des jeunes filles confiées à ses soins ; cela se passait à l'asile de Kehrsatz, dans le canton de Berne.

L'asile de Kehrsatz est un refuge pour jeunes filles vicieuses ; Jordi en était le directeur depuis plusieurs années ; chargé de corriger ses pensionnaires, il s'en acquittait avec toutes les qualités d'un faux samaritain, car l'ignoble gredin était membre de la société des Samaritains (1) ; avant de diriger cet établissement, il était instituteur dans le canton de Fribourg, où existe la grande jésuitière suisse. Jordi fut un *modèle* de ces bonnes écoles chrétiennes, jusqu'à l'âge de 46 ans, c'est-à-dire jusqu'au moment où il fut dénoncé et pris.

Il soumettait ses pensionnaires à des tortures que l'Inquisition n'eût pas dédaignées ; il les frappait, les mettait à la chaîne et aux fers, il les laissait jusqu'à cinq jours dans un cachot, sans nourriture ; il les faisait mettre toutes nues pour les frapper, jusqu'au sang, d'une lanière de cuir, et pour se livrer sur ces malheureuses à des attouchements obscènes où les

---

(1) Société qui exerce en Suisse la philanthropie, enseigne la fraternité, soulage les malheureux et combat les ravages de l'alcoolisme ; une autre société utile, son émule, est celle des « Bons Templiers ».

violer. Et cela se passait sous une *République civilisée*, pendant l'agonie du xix⁰ siècle. Que font donc les surveillants et les inspecteurs de ces établissements et que font ces bons biblistes, je le demande à messieurs les pasteurs de la Suisse ?

Ces établissements devraient être l'objet d'une surveillance constante ; car le mal est plus grand qu'on ose le supposer, dans ces refuges chargés, au nom de la société, de relever une jeunesse vicieuse et tarée. On devrait aussi mieux surveiller les asiles d'aliénés, où il se passe des abus épouvantables.

Si l'on pouvait pénétrer jour et nuit dans ces asiles, on verrait des directeurs et des médecins se livrer sur des pensionnaires favorites aux excès les plus extrêmes de la débauche, et sur les autres, à des violences dignes de la barbarie.

Un grand nombre de congréganistes et de prêtres ont été condamnés pour attentats à la pudeur, sur des enfants des deux sexes confiés à leurs soins ; partout ce sont les mêmes abus et les mêmes scandales ; en France, en Belgique, en Espagne, etc., chaque année voit s'accroître le nombre de ces dépravés, ce qui prouve que l'homme ne peut enfreindre les lois de la nature sans tomber dans une aberration morale d'où il sortira dégradé sans retour. Tandis que la nature chante l'amour et ses bienfaits, que partout les êtres se livrent à ses divins ébats, des hommes ont jeté à la face du ciel un impudent défi qui prouve que la violation de certaines lois est plus dangereuse que leur abus.

Dès le début de l'année 1899, les journaux annoncèrent partout des condamnations de prêtres, de religieux, de sacristains, etc., prouvant que les « bons confesseurs », les « bons pères » et les « bons frères » ne redoutent guère les châtiments divins dont ils menacent véhémentement leurs ouailles et leurs élèves. Parmi ces souilleurs de l'enfance, rappelons l'odieux attentat attribué au frère Flamidien qui, pour mieux posséder sa jeune victime, l'aurait étranglée ; mais il bénéficia d'un non-lieu. Ce crime jeta dans un émoi indescriptible la ville de Lille.

Au mois d'avril, un frère, professeur à l'Institut de Saint-Victor, fut arrêté sur l'ordre du parquet de Cambrai, sous l'inculpation d'attentats aux mœurs perpétrés sur les enfants qu'il était chargé d'instruire. Voici l'opinion émise par les journaux :

« Ce triste individu, Alexandre-Julien Halleray, né à Izé (Ille-et-Vilaine), est âgé de quarante-sept ans. D'une laideur physique presque repoussante, l'œil fuyant, l'allure traînarde, mais patelin, doucereux, affectant des manières câlines avec les enfants, le frère de Saint-Victor réussissait en général à effacer chez ceux qui avaient affaire avec lui la première impression d'abjection qu'il leur causait. Avant de venir à Cambrai, Halleray avait été pendant plusieurs années professeur à l'école congréganiste de Bauduis, mais en 1890, accusé d'attentats à la pudeur sur deux jeunes garçons de l'école, il avait été arrêté et était passé en Cour d'assises. Acquitté, grâce à une active campagne cléricale menée dans toute la région, Halleray disparut ensuite brusquement.

« Les victimes de cet abject instructeur ont de *cinq à dix ans* et sur *quarante-trois élèves* que comptait la classe dont était chargé Halleray, *trente ont été souillés*, etc. »

Les années 1900, 1901 et 1902 ne furent pas moins fructueuses en condamnations d'ecclésiastiques ; l'année 1902 vit le double assassinat du curé Larderet et de sa servante couchés dans le même lit.

L'année 1903 débuta à Bâle, dans le Valais, en France et partout, par des fuites de souilleurs et par des arrestations. Ce fut en janvier de cette année que l'abbé Valès se suicida avec sa jeune maîtresse, *fille très estimée !*

Ces révélations ne démontrent-elles pas la nécessité d'abolir le célibat ecclésiastique ou, tout au moins, de le laisser libre ? Les prêtres ont beau prêcher la tempérance *ils sont hommes et tout ce qui touche à l'homme leur est commun* ; sur mille, dans tous les ordres, il y en a neuf cent quatre-vingt douze comme les deux malheureux ci-dessus.

B.-F Haller, de Berne, dans *La prêtraille romaine*, dit judicieusement, pages 229 et 230 : « La force créatrice et conservatrice que nous nommons Dieu, a donné à toutes les créatures vivantes l'*instinct sexuel*. Elle en a fait le *plus puissant des instincts*, parce qu'elle y a attaché la *propagation* qu'elle a eu surtout en vue chez toutes les créatures organiques, et même elle n'a point subordonné cet instinct à la volonté ; elle le force de le suivre et en punit d'une manière sensible la répression contre nature. L'instinct sexuel violemment réprimé rend les animaux enragés et les hommes fous ainsi que le prouvent de nombreux exemples.

» Satisfaire l'instinct sexuel est donc un devoir naturel, aussi innocent en soi-même et permis que celui de satisfaire la soif. En les jugeant au point de vue moral, le glouton et l'ivrogne ne méritent pas moins de blâme que le voluptueux déréglé dans l'amour sensuel ; c'est à la religion chrétienne mal comprise et défigurée que nous devons l'opinion erronée qui nous fait regarder comme un crime de satisfaire selon la nature l'instinct sexuel. »

Tout homme qui ne satisfait pas sagement les besoins les plus naturels viole les lois de la nature et celles de la morale ; il serait donc temps que la raison mît un frein aux abus de la confession auriculaire (voir spermatorrhée.

Un poète a dit :

Tout homme a dans son cœur un cochon qui sommeille.

C'est surtout le cas pour le prêtre qui a de fréquentes fureurs génésiques.

**Juges.** — De tout temps les plus grands esprits ont cinglé de leurs critiques les magistrats ; pour s'en convaincre qu'on lise Boileau, La Fontaine, Molière, Labruyère, Rousseau, Voltaire, etc., qui ont comparé les juges aux plus grands criminels de la terre, ce qui semble vrai encore quand on constate l'abus qu'ils font souvent de leurs exécrables pouvoirs auxquels on réclame partout de mettre un frein.

Les juges d'instruction, parmi lesquels se trouvent tant de gredins, oublient, en maintes occasions, leur rôle. En Franche-Comté il y en avait un qui tentait de faire ses maîtresses de jeunes prévenues. Quoique marié, il entretenait des relations coupables avec des garçons et il fut même déplacé pour ses goûts antiphysiques. Il évita dix jours de prison à une jeune voleuse, fille d'un contrebandier.

Ce juge érotique convoquait, pour satisfaire ses lubricités, jusqu'à des femmes mariées et sans motifs plausibles, si bien qu'un jour, une de ces malheureuses, honnête femme, fut trouvée seule, affolée, dans le bureau, le juge s'étant esquivé après que cette femme eut réussi, en se débattant, de presser sur le bouton d'une sonnette d'appel. On devine aisément les petits potins que cet incident causa. Parmi ses maîtresses ce juge, modèle de tant d'autres, eut une femme qui accoucha clandestinement d'un enfant que l'on trouva dans ses cabinets, coupé en morceaux; cette fois on le suspendit temporairement, ce qui indique assez le mépris des lois, selon les sujets qui les violent.

Dans la même contrée, un procureur, si ardent à demander l'application rigoureuse des lois contre les adultères, les détournements de mineures et les attentats à la pudeur, *s'amusait* avec des jeunes filles mineures ; un jour qu'il en avait deux, il dit à l'une : « Tiens, toi qui as bien travaillé, voilà dix francs ! » A l'autre il dit : « A toi qui as moins bien travaillé, voici cinq francs ! » Et les deux jeunes fille d'aller raconter cette estimation du *travail dorsal* à l'atelier.

Sous la robe ou l'habit d'un juge se trouve souvent un homme plus immoral ou plus criminel que ceux qu'il condamne. La moralité d'un grand nombre de magistrats a été révélée par ceux de Nevers en 1904. Toujours dans la Franche-Comté, j'ai vu un substitut, aujourd'hui procureur, qui, à l'occasion d'une fête de célibataire *enterrant* sa vie de garçon, se promener dans les rues et les cafés, en gonflant une peau de beaudruche qui prenait la forme d'un énorme pénis ; en se dégonflant on entendait ce cri plaintif, combien symbolique : Maman ! Telle est la moralité de nos magistrats godailleurs.

En Savoie, un procureur avait pour maîtresse une prostituée qui se fit modiste pour rire et quand, ivre, elle causait un tel scandale qu'on allait quérir des agents pour l'arrêter, ils se contentaient de répondre : « Si nous arrêtions la femme du patron il pourrait nous en cuire ! » Et la justice ? Et l'égalité pour tous ?

Dans ses *Bêtes puantes*, Toussenel dit : « L'hermine et l'herminette qui ne *s'attaquent qu'à l'enfance* et qui portent *robe blanche*, symbolisent les hypocrites professeurs de fausse morale qui s'appellent M. Rodin, M. Tartufe, Dom Basile, et qui revêtent la robe de chasteté et d'innocence pour s'introduire dans les familles et pervertir la jeunesse... On remarque, en outre, que les professeurs de droit et de la plupart des sciences civilisées, qui ne sont bonnes qu'à corrompre la jeunesse, se montrent très friands de la parure d'hermine ».

Ne saluez jamais un juge de crainte de saluer un criminel.

« Il naît sous le soleil des âmes dégradées
« Comme il naît des chacals, des hyènes et des serpents,

a dit Alfred de Musset.

**Médecins.** — Des médecins ne consentent à examiner des jeunes filles ou des jeunes femmes qu'entièrement nues, mais cette exigence n'est due qu'à l'impulsion de passionnels lubriques.

Tout médecin qui agit de la sorte abuse des droits que sa profession lui confère ; c'est un immoral. Lorsque des femmes se prêtent aux désirs du praticien il leur palpe les parties les plus secrètes et deviennent facilement des instruments de débauche.

Au mois de mai 1899, le D<sup>r</sup> Laforest, médecin de l'Assistance publique, fut accusé d'attentats à la pudeur sur des enfants confiés à ses soins ; on ne voulut d'abord pas croire à l'accusation portée contre ce praticien renommé, estimé et père de famille, aux sentiments religieux, confiant l'éducation de ses enfants au *père* Didon, et ayant une situation sociale exceptionnelle. Malheureusement, tous les faits reprochés à cet *érotomane* étaient vrais, et sur les instances de sa femme il se suicida, croyant éviter le déshonneur que sa condamnation aurait jeté sur ses enfants. Quand un agent se présenta pour arrêter le coupable, il était déjà mort. Le docteur avait avoué ses crimes à sa femme qui eut la maladresse de les révéler ; dans un cas aussi grave, l'épouse devait, étant mère, emporter le terrible secret dans la tombe ; la mort effaçait tout et le docteur étant atteint de troubles cardiaques, on aurait plutôt attribué sa mort à une profonde émotion, cause plus commune que l'asphyxie volontaire par du gaz d'éclairage devenue pourtant à la mode depuis la fin tragique de Syveton, pas propre du tout sous aucun rapport ; il y aurait eu des présomptions et non une certitude qui ternit à jamais la mémoire du docteur.

Si l'on découvrait tous les médecins qui profitent ou abusent des femmes des autres, on en trouverait une multitude dans le cas de ce docteur de Berne dont les journaux ont parlé au mois d'avril 1905. Le pauvre diable fut jeté en chemise dans les escaliers par un mari furieux, revenant, inquiet, du théâtre où sa femme avait simulé un malaise subit.

Le prêtre, le juge et le médecin sont les plus grands amis de la femme et ce sont eux que doivent le plus redouter les maris.

**Etat et réflexions des victimes *des abus sexuels*.** — Les femmes qui se sont livrées de bonne heure aux abus qui les poussent à se prostituer se reconnaissent à leur nonchalance, à l'oisiveté, à la gourmandise et à une paresse insurmontable ; leur tenue, leur langage et leurs gestes puent la lubricité. Quelquefois desséchées jusqu'à la maigreur osseuse, leurs yeux sont enfoncés dans les orbites et quand elles se sont livrées à tout venant, elles portent des traces indélébiles de leurs funestes débauches.

Les victimes d'abus solitaires qui manquent de bons conseils se lamentent et gémissent en secret, en retombant sans cesse dans leurs funestes habitudes. Outre les accidents dépeints, elles sont tourmentées par une foule de malaises ; si les jambes sont infiltrées, le volume est doublé ou triplé, quelquefois c'est le corps qui s'infiltre lui-même ; alors elles soupçonnent que ce triste état peut résulter de leur dépravation, ce qui est vrai ; les habitudes vicieuses qu'elles ont contractées, en particulier ou avec des complices, sont la seule cause de leurs souffrances physiques et morales. Les personnes adonnées aux attouchements promettent souvent de se corriger, mais leurs résolutions sont comme des feuilles mortes que le vent emporte, quand vient à souffler la passion.

Une jeune fille de 23 ans, arrivée au dernier dégré de l'épuisement, à la suite de la masturbation pratiquée pendant six années consécutives, m'écrivit trois jours avant de mourir ; elle me donnait tous les détails d'une lente agonie, espérant, jusqu'à la dernière heure, recouvrer la vie et la santé, ce que me confirma, deux jours après sa mort, le frère de cette malheureuse.

Tous les sujets ne sont pas aussi vite épuisés les uns que les autres ; un corps sain et robuste résistera longtemps à ces excès, tandis qu'un corps maladif sera rapidement anéanti ; les sujets faibles et délicats doivent être surveillés étroitement.

Le peu que je révèle n'est rien à côté de la réalité que les âmes candides ne peuvent soupçonner, car si la toile grossière couvre des fautes, la dentelle, la soie, le velours et l'hermine couvrent les plus grands crimes; l'excuse de la pauvreté est de ne pas calculer ordinairement les déboires et les malheurs d'une faute déguisée d'intérêt, le cœur chez elle ne marchandant pas le premier baiser ni la première caresse d'amour qui entraîneront sa chute; mais la richesse, qui prévoit froidement les fatales conséquences d'un abandon capricieux, escompte qu'un peu d'or, semé où il faut, aplanira toutes les difficultés et imposera silence à une juste accusation.

Celse, célèbre médecin qui vivait au siècle d'Auguste, dit que ceux qui se polluent deviennent pâles, chétifs, capricieux, lâches, paresseux, stupides et imbéciles.

Tissot (médecin suisse), dans son *Traité de l'onanisme*, affirme que l'épilepsie est une des fâcheuses conséquences de la masturbation.

Les résultats de cette malheureuse habitude sont : la faiblesse locale, particulièrement dans les lombes ou générale ; affaiblissement de la vue et gonflement des paupières entourées d'un cercle violacé ; l'œil souvent hagard, quelquefois terne, donne à la physionomie un air hébété ; le visage est amaigri, pâle ou jaune ; les digestions sont lentes ; les urines sont épaisses, blanches, et répandent une odeur forte, quelquefois fétide ; la voix est anormale, le caractère est assombri et bizarre ; la figure est souvent couverte de boutons ; les masturbateurs soupirent et bâillent souvent, ils cherchent la solitude et affectent de mépriser la femme, sans doute par honte d'avouer leur impuissance, qui est, avec l'affaiblissement de l'intelligence, la plus funeste conséquence de leur débauche. Cette vicieuse habitude se termine souvent par l'hypocondrie, l'épilepsie, la folie et la mort.

Au point de vue des désordres produits sur le moral, voici le tableau qu'en a tracé Gottlieb Vogel : « Le masturbateur perd insensiblement tout ce qu'il avait reçu de facultés morales ; il acquiert un extérieur hébété, sot, embarrassé, lascif, triste, mou ; il devient ennemi, paresseux, incapable de toute fonction intellectuelle, toute présence d'esprit lui est interdite ; il est décontenancé, troublé, inquiet aussitôt qu'il se trouve en compagnie ; son âme affaiblie succombe sous la moindre tâche. Sa mémoire s'altère tous les jours de plus en plus, il ne comprend point les choses les plus communes, il ne sait lier ensemble les idées les plus simples ; les plus grands moyens et les plus sublimes talents se trouvent bientôt anéantis ; les connaissances précédemment acquises s'oublient, l'intelligence la plus exquise devient nulle et ne donne plus aucun produit ; toute la vivacité, toute la fierté, toutes les qualités de l'âme par lesquelles ces malheureux subjuguaient ou attiraient leurs semblables, les abandonnent et ne laissent d'autre partage que le mépris ; le pouvoir de l'imagination a pris fin pour eux ; il n'y a plus aucun plaisir qui les flatte ; mais en revanche, tout ce qui est peine et malheur sur le globe semble leur être propre. L'inquiétude, la crainte, l'épouvante, qui sont leurs seules affections, bannissent toute sensation agréable de leur esprit. Les dernières crises de la mélancolie et les plus affreuses suggestions du désespoir finissent ordinairement par avancer la mort de ces infortunés, ou bien ils tombent dans une entière apathie, et s'abaissent au-dessous des animaux qui ont le moins d'instinct; ils ne conservent de leur espèce que la figure. Il arrive même très souvent que la frénésie et la folie sont ce qui se manifeste d'abord. »

Le docteur La Mer, de Londres, a dit dans son *Vice suicidal* : « L'onanisme est l'abus de soi-même, c'est le fléau de l'humanité..... Que ce soit le hasard ou de perfides confidences, la fatale habitude est contractée et propagée, de sorte que la société se trouve attaquée dans ses éléments, et les victimes ont à déplorer la perturbation et même la perte complète des facultés génératrices à un âge encore fort peu avancé. Les érections chez le malade ne sont pas complètes, l'éjaculation du sperme se fait avec trop de précipitation, souvent même au moment de l'introduction du pénis dans le vagin ; le coït est suivi d'abattement et d'un malaise général. Les pollutions nocturnes, en urinant et à la selle (voir *Traitement*), sont les premiers pas vers l'impuissance complète.....

« Il va sans dire, qu'abuser du coït et user surtout de l'onanisme, c'est abuser des organes qui servent à la reproduction de l'espèce, et ceux qui ont fatigué leur jeunesse par ces causes, s'aperçoivent quand, arrivés à l'âge mûr, ils veulent remplir leurs devoirs d'hommes, que cet acte est loin d'être pour eux un état de jouissance, » etc.

**Du sperme.** — Le sperme est la liqueur prolifique sécrétée dans les testicules ; à sa sortie du pénis il est d'un blanc grisâtre, épais, d'une odeur caractéristique rappelant celle des fleurs du châtaignier ; il est mêlé aux différents liquides sécrétés par les glandes de Cowper, la prostate et le canal de l'urètre. Examiné au microscope, on y voit des animalcules ressemblant à des serpents infiniment petits, animés de mouvements rapides ; ce sont des spermatozoïdes qui doivent féconder les ovules de la femme et donner naissance à l'homme qui, par les facultés dont il hérite, est le dominateur du monde. On comprendra maintenant, pourquoi il est si nécessaire de conserver avec soin cette précieuse liqueur, notre *substratum*, produit intime de notre sang, source principale de notre force, cause de nos plus vives émotions. Ne dépensez jamais, sans un pressant besoin, cette humeur, que l'on peut comparer à la moelle qui nourrit le système osseux, au sang qui porte la vie dans toute l'économie et au fluide nerveux qui nous rend actifs et sensibles. Remarquez dans quel état d'abattement plonge une éjaculation ; tout l'être est bouleversé et le cerveau est égaré ; cependant la quantité de matière éliminée a été bien minime ; mais elle est douée de tant de vertus, que la perte d'une seule goutte ébranle tout l'organisme. Le sperme est un trésor secret et précieux qu'il est désastreux de dépenser sans besoin. (Voir *Impuissance et spermatorrhée*).

Quant au meilleur moment à choisir pour les rapports sexuels, il est difficile de le désigner, sachant l'homme disposé à faire l'amour la nuit comme le jour, le tempérament et la constitution jouant un grand rôle dans ce choix. Les uns recommandent le soir, les autres préfèrent le matin, après le repos de la nuit ; les deux opinions ne sont peut-être pas mauvaises, cependant il sera bon d'éloigner les rapports le plus possible des repas, pour éviter des troubles digestifs. J'ai connu une jeune femme qui ne pouvait avoir de rapports après les repas sans être prise de violents vomissements.

Au sujet des rapports sexuels, je conseille de suivre cette règle : vivre généreusement, sans excentricité, sur le capital de 20 à 35 ans ; ménager le capital de 35 à 50 ans ; vivre avec parcimonie des intérêts de 50 à 65 ans et à partir de cet âge laisser reposer intérêts et capital.

Les dangers auxquels s'exposent ceux qui pratiquent l'onanisme étant connus, voici les moyens de les éviter et de combattre ses effets :

La nécessité de surveiller étroitement les enfants en bas âge est tellement indispensable, que pour s'en persuader, il suffit de lire ces lignes d'une mère éplorée : « Je vous prie de m'indiquer ce qu'il faudrait à mon enfant, âgé de 7 ans, qui a contracté un vice qui met sa vie en danger ; il a déjà hérité des premiers symptômes de la phtisie. Les attouchements secrets qui provoquent quelquefois l'idiotisme et la phtisie chez beaucoup de jeunes gens, ne s'enracinent que par l'insouciance des parents. Je l'ai puni et je l'ai surveillé pour découvrir qu'il se touche en dormant, ce qui m'a profondément navrée, etc. ».

Le mariage peut seul corriger de l'onanisme les célibataires des deux sexes qui se polluent ; il faut les marier de bonne heure et au lieu d'être impuissants, ils formeront des unions heureuses d'où sortiront de forts rejetons. Les jeunes gens qui n'oseraient se marier, craignant d'être impuissants, feront bien de suivre les prescriptions conseillées dans ces cas.

C'est ordinairement au lit que les masturbateurs s'abandonnent à la lecture et à la contemplation ; sachant qu'ils ne doivent pas être vus, ils cachent sous des vieux meubles, dans la paillasse, ou portent sur eux-mêmes la cause de leur perdition. Dans les pensions, les jeunes gens emploient les mêmes moyens, plus l'intimité à deux, trois ou quatre. Les chefs d'établissements ne sauraient trop souvent porter une attention active sur ces petits groupes, source d'immoralité et d'exemples pernicieux. Moraliser sévèrement les coupables pris en flagrant délit, et, en cas de récidive, les rendre à leur famille, tel est le devoir de tout directeur d'établissement. Pour les couvents, il n'y a qu'un remède, leur suppression !

**Traitement de l'Onanisme.** — Il doit être moral et physique. Le traitement moral a beaucoup de chance de faire réussir le traitement physique, en faisant comprendre aux victimes le mal qu'elles se font. Supprimer toutes les causes qui peuvent les perdre.

Contre les pollutions nocturnes et les érections, prendre quatre à cinq granules de camphre monobromé avec un ou deux granules d'atropine, le soir, au moment du coucher : contre la constipation, prendre le matin, à jeun, une cuillerée à café de notre précieux laxatif (1) ; faire beaucoup d'exercice ; deux bains froids par semaine ; appliquer le soir, sur les parties génitales, une serviette imbibée d'eau froide vinaigrée. L'eau de Tracy (2) pure ou mêlée au vin, combat tout état de faiblesse et relève rapidement l'énergie des organes génitaux ; le tropon, les phosphates, la cérébrine, sont aussi d'excellents reconstituants. (Voir *Impuissance*, à la fin du volume).

## § III

**Fraudes génésiques, désordres qu'elles entraînent. — Dépopulation, ses causes et son remède. — Repopulation.**

L'amour entraîne, avec une force irrésistible, tous les êtres les uns vers les autres ; c'est lui qui perpétue

---

(1) Le laxatif du docteur Bouglé est le produit le plus sérieux et le plus agréable qui ait été offert au public ; par son usage régulier d'une cuiller à café deux fois par semaine, il prévient les maladies les plus graves et prolonge la vie. 1 fr. 75 la boîte dans toutes les pharmacies.

(2) L'eau de Tracy-Cusset, eau naturelle du bassin de Vichy, coûte en bonbonne de 25 à 30 litres, 0,40 cent. le

les races et entretient constamment le flambeau de la vie ; sans lui l'existence ne serait pas possible. Il unit les cœurs et les âmes, mais il ne lie pas l'humanité dans les mêmes sentiments, car poussée dans une mauvaise voie, elle en détourne trop souvent le but prolifique. Que ce soit par intérêt, pour le bien-être ou la tranquillité, des hommes éludent les charges de la paternité, sans en prévoir les suites fâcheuses et ils prennent cette précaution de plus en plus au sérieux, à mesure que les difficultés pour bien vivre augmentent.

Chez les peuples antiques, sujets du paganisme, les lois favorisaient le mariage et les nombreuses progénitures. Les Grecs portaient si loin le respect conjugal, qu'ils saluaient les femmes enceintes dans l'espoir d'un héros futur. Les femmes romaines étaient aussi l'objet de soins assidus ; pourtant personne ne mettra en doute la licence effrénée de ces peuples qui ont fourni tant de sujets érotiques. Aujourd'hui, non seulement on ne respecte pas la femme enceinte, mais jusqu'aux gamins qui s'en moquent avec la dernière impudence. — En v'là une, dit l'un, qu'a pas craint de bâtir sur son devant.— Un autre dit : Regarde celle-là comme elle a gonflé son ballon ! — Non, répliquera un gavroche, elle a seulement fait emplir son bidon ! Voilà nos mœurs et notre progrès moral, ce qui n'est guère édifiant. D'un état naturel on en fait une igno-

litre. Dépôts à Paris, D$^r$ Robert, 7, rue des Crêtets et à Chêne-Bourg, près Genève, pharmacie Pfister.

minie. A qui la faute ? Un auteur romain a dit :
« L'homme est un créateur divin dont la semence vigoureuse enflamme les sens en faisant naître la plus douce volupté... », ce qui était faire, en peu de mots, l'éloge du mariage ; il est vrai que chez ces peuples un sentiment dominait tous les autres : *l'amour de la famille et de la patrie.*

Les religions, d'accord avec la nature, ont condamné les fraudes génésiques ; seule, l'Eglise romaine, en contradiction avec ses chefs primitifs, commit la faute d'imposer le célibat à ses prêtres, croyant ses dogmes assez puissants pour outrager impunément la nature ; mais elle contrôle son impuissance par les sacrifices naturels accomplis au pied de ses autels. L'Eglise, en combattant l'utilité de la famille dans son sein, combat la morale et la raison ; elle méprise cet ordre biblique « Croissez et multipliez, je bénirai les nombreuses familles » (1).

Deux causes principales retiennent les hommes à fournir une nombreuse lignée : la pauvreté dans les classes ouvrières et le bien-être chez les riches. Les premières qui donnent encore l'exemple d'une fécondité assez heureuse, sont partout retenues par la gêne causée par de nombreux rejetons ; la fraude la plus commune, dans ces classes, consiste, pour l'homme, à répandre au dehors la liqueur séminale (fraude d'Onan). Dans les classes riches, c'est encore

---

(1) L'Eglise pouvait éviter les plus grands scandales en laissant facultatif le mariage de ses prêtres.

l'intérêt qui guide l'homme ; la crainte de diviser sa fortune le trouble à ce point, que pour la voir appartenir à un seul héritier il fait usage d'une membrane qui a nom *condom* (1) (capote anglaise) ; mais d'amères déceptions lui font regretter, trop tard, de n'avoir pas assez prodigué cette humeur que la nature lui a si généreusement donnée ; car la perte d'un seul enfant anéantit les plus belles espérances.

Après un coït frauduleux l'homme est triste et porté au dégoût de la vie. L'argyrancie est donc une vraie maladie ; l'argent, en effet, est la cause de bien des malheurs.

En décembre 1896, Paul de Cassagnac écrivit dans l'*Autorité* ces lignes, concernant la dépopulation en France : « Le mal a des racines profondes et presque impossibles à atteindre, du moins de longtemps ; car il provient d'une singulière cause : il provient de l'excès de richesse et de l'amour du bien-être dans notre pays, tué par un exécrable égoïsme.

« Les riches ou demi-riches n'ont pas d'enfants nombreux, afin de maintenir la richesse et de l'empêcher de s'éparpiller.

« Alors, ils restreignent les enfants au nombre le plus strict, sans même se dire, les imprévoyants, que la mort viendra peut-être leur enlever le fils unique...

« Et il n'y a que le pauvre, c'est tristement vrai, qui, n'ayant aucun majorat à créer, ne compte pas, sème et moissonne des gerbes de petites têtes blondes ou brunes.

(1) Du nom de son inventeur, médecin anglais.

« Il se dit, en sa foi robuste, que Celui qui donne la pâture aux petits oiseaux, ne la refusera pas aux petits de l'homme, et vous voyez alors l'ouvrier ou le paysan vieillir au milieu d'une patriarcale, vigoureuse et nombreuse famille, tandis que dans le château, le nom s'éteint, la race disparait, et que, dans la bourgeoisie, c'est à peine si deux ou trois branches jaillissent du troc généalogique.

« Au sein des faubourgs pauvres, il y a autant de naissances qu'en Allemagne ou en Angleterre.

« Serait-ce donc la fortune, l'âpre désir de la conserver intacte en son ensemble, sur peu de têtes, qui cause la dépopulation ?

« On le dit, et cela y ressemble. »

Si les pauvres, en procréant, partaient de ce principe que : « Celui qui donne la pâture aux petits oiseaux, ne la refusera pas aux petits de l'homme », on verrait surgir des fourmillières d'enfants mais ceux qui se basent sur cette promesse, et ne *comptent* pas, sont la très grande exception, retenus qu'il sont par des scrupules de conscience, ce qui est très heureux, sachant que la grande majorité des procréateurs use de prudence quand elle a des craintes pour l'avenir.

L'âpre désir de conserver intacte la fortune sur peu de têtes n'est qu'une des nombreuses causes de la dépopulation qui sont : La tuberculose, la syphilis, les écoulements vénériens, la spermatorrhée, le déplacement de l'utérus, la déformation du pénis ouvert au-dessus ou au-dessous ; la leucorrhée, l'anémie, les névroses (surtout l'hystérie) ; la masturbation, l'absence de spermatozoïdes, l'affection des ovaires, les manœuvres frauduleuses et abortives ; la misère, l'obésité et quelquefois la péritonite (chez la femme) ; enfin, l'alcoolisme.

Au sujet de la tuberculose, voir plus loin.

Concernant la syphilis et les écoulements voir les chapitre IV et V.

Ceux qui ont contracté la syphilis ou des écoulement persistants ne devraient pas se marier. Quels produits peut-on espérer de germes malades, infectés ? A ceux-là il ne serait pas inutile, — si on ne peut les empêcher de s'unir, — de conseiller l'emploi des préservatifs aujourd'hui si usités dans toutes les classes sociales.

L'infécondité due au déplacement de l'utérus peut se corriger en changeant de position ou par fécondation artificielle qui se fait également dans le cas de déformation du pénis dont il est parlé plus loin.

Chez les sujets anémiques et leucorrhéiques, il suffit d'enrichir le sang et d'éliminer les toxines par des préparations appropriées et des injections convenables (voir chap. V). (1)

Des névrosées ont des contractions désordonnées de l'utérus qui empêchent souvent la fécondation ; dans ce cas, administrer des antinerveux spéciaux et éviter le *bromure de potassium*.

La masturbation a été décrite et l'impuissance est traitée au chap. V.

(1) Voir le prix du traitement à la fin du volume.

On connait les nombreuses causes de la misère et l'impuissance des économistes pour en diminuer les crises. Elle a pour origine l'égoïste des uns et l'insouciance des autres ; chez les pauvres, la dure nécessité d'abandonner les enfants développe, chez ces derniers, la paresse, la maraude et le plus mauvais entrainement, privés qu'il sont de judicieux conseils et de bons exemples. Il faut bien se rendre à l'évidence du mauvais fonctionnement social, cause des plus grands désordres ; car les révolutions brutales sont nées de l'inégalité des répartitions, les uns s'abreuvant de jouissances stériles, tandis que d'autres crèvent de misère en luttant avec désespoir contre les griffes de la souffrance (1).

Les abortifs et les manœuvres frauduleuses sont étudiés à la V° partie de ce chapitre.

Contre l'obésité, faire deux repas par jour, réguliers ; absorber peu de boissons ; pas de farineux ; peu de pain, quelques œufs, de la viande, un verre ou deux de vin rouge, ou mieux de blanc à chaque repas ; prendre un peu d'*iodure de sodium* ou quelques granules d'*iodoforme*. Il ne faut jamais faire maigrir trop rapidement les obèses comme en ont la dangereuse habitude certains spécialistes qui ordonnent l'*iodure de potassium* à hautes doses. La *thyroïdine*, base des spécialités les plus renommées contre l'obésité, est une bonne préparation pour faire disparaitre cet état.

---

(1) Lire l'*Amour*, prix 2 fr.

Voici une cause indéterminée d'infécondité curieuse : Une veuve, sans enfants, unie à un veuf qui eut deux enfants de son premier mariage, perdit son mari qui ne put la féconder ; ayant convolé en troisième noce avec un homme, veuf aussi, qui n'avait point eu d'enfant, elle en eut pourtant plusieurs de la plus belle venue, ce qui prouve que la nature a des caprices bizarres.

Tandis que des Etats cherchent à diminuer le nombre des dégénérés, en frappant de droits élevés les alcools chimiques et leurs dérivés ; que d'autres, comme la Suisse, s'en réservent le monopole (1) en vendant directement le poison plus ou moins contrôlé dans le but de se créer de précieux revenus, il est étrange de constater, en certains lieux particulièrement *catholiques*, le mépris des lois morales et civiques.

On prêche la tempérance et l'on punit quelquefois des ivrognes invétérés ; mais tout en cherchant à combattre les maux engendrés par l'alcool on laisse débiter le funeste breuvage, adultéré de cent façons, à

---

(1) Les liqueurs que l'on vend en Suisse sont à base d'essence et d'alcool de pomme de terre : cet alcool funeste est le seul que fait distribuer partout la Confédération. A Aesch, Bâle-campagne, il y a une de ces usines à poison. A Clermont-Ferrand, c'est mieux ; on distille des excréments humains et cet alcool est déversé sur tous les marchés. A partir de 1905, l'Etat doit servir cette marchandise. Et l'on se plaint qu'il y ait trop de maladies et trop de fous !

bouche-que-veux-tu et par esprit de pur mercantilisme on sacrifie à l'ivresse des victimes abusées.

Voici ce que relata le *Jura Bernois* en décembre 1898 :

« Une commune soleuroise, pour se soustraire à l'obligation d'entretenir une fille-mère et son enfant, proposa à un ivrogne endurci, d'un autre canton, la main d'une jeune fille, dont la situation fut dévoilée, moyennant une prime de *cent francs* ; le marché accepté fut conclu séance tenante et le mariage fut bâclé rapidement ; le jour de la cérémonie, la prime était déjà presque toute dissipée en libations honteuses ; l'époux, ivre comme une brute, brisa son parapluie sur la tête de la jeune épouse vendue, sanctifiant à sa manière la nouvelle alliance. »

Ceci se passerait en Chine ou en Turquie, on le trouverait presque naturel, mais en Suisse, c'est inconcevable.

Si l'alcool frappe ses adorateurs de crétinisme ou de folie, il entraîne, ce qui est plus grave, la *dégénérescence* de notre espèce, car un sang pur coule de moins en moins dans les veines de quelques types sauvés des naufrages sociaux, et de qui l'on peut dire, en les admirant : Voilà de beaux hommes !

Les travaux grandioses d'autrefois, de main d'hommes, seraient presque impossibles à exécuter de nos jours, aussi cette dégringolade physique suggéra-t-elle au génie humain d'y suppléer par la machine, cent fois plus rapide, sans manquer de précision ; mais plus le mécanisme fait de progrès, moins l'homme se sent d'aptitudes pour le travail manuel ; c'est la machine aveugle, obéissante sous son œil attentif et sa main exercée, qui donne à ce dégénéré l'objet tout travaillé, qu'il lui reste à visiter ou à polir. Dans l'industrie l'homme n'est plus qu'un automate (1) habitué à l'inactivité de ses membres ; tous les jours de sa courte vie, debout ou assis devant la machine, il meurt de pléthore, d'anémie ou de névrose causées par la fatigue étrange de l'énergie mal dépensée ; il devient poussif, courbaturé ; ses jambes sont lasses et gonflées de n'avoir pas assez marché ; sa vue est faible, son estomac est paresseux et sa colonne vertébrale, à la suite d'une position vicieuse habituelle, prend une forme curviligne postéro-antérieure qui lui fait disgracieusement porter la tête en avant, tandis que son postérieur va en sens contraire. Voilà le travailleur de notre époque.

Et, comme si ce n'était pas déjà trop que ces anémiés et ces névrosés qui peuplent hôpitaux et maisons de santé, attendant l'heure finale de la délivrance, comme le prisonnier attend celle de la liberté, nous avons la *tuberculose*, faucheuse terrible dont les victimes sont vouées à une mort prématurée certaine. Partout on signale les dangers de la *tuberculose* et l'on défend l'usage des viandes atteintes des funestes

---

(1) Le machinisme a engendré la misère, car où cent hommes pouvaient être utilisés, dix suffisent ; la machine a avili les salaires, elle est la cause des plus grands troubles sociaux, et pourtant c'est le progrès !

bacilles ; on s'occupe de l'amélioration des races animales, on pousse même le dévouement à primer les sujets d'éleveurs intelligents et la prudence va jusqu'à sacrifier des sujets faibles ou mal conformés ; mais à l'humanité on donne des formules hygiéniques ou des conseils dont elle fait peu de cas et voilà tout (1). Le progrès consiste à s'intéresser aux animaux et à laisser mourir une foule d'humains !

Si vous êtes tuberculeux, mes pauvres amis, allez dans un pays plus sain, tâchez de tuer vos microbes en les semant partout ; prenez par mesure de précaution de la créosote (2), du goudron, frottez-vous de gaïacol et mourrez en paix avec la certitude qu'il a été impossible de faire plus pour vous.

Ecoutez Michelet, dans l'*Amour et la Femme*, page 363 : « L'*Ouvrière*... La population n'augmente plus et elle baisse en qualité. La paysanne meurt de travail, l'ouvrière de faim. Quels enfants faut-il en attendre ? Des avortons de plus en plus, etc. »

L'hygiène impuissante, les remèdes, plus impuissants encore, n'ont pas retardé d'une heure la mort des infectés ; ils leur ont seulement donné une lueur d'espoir. C'est toujours cela ; mais si vous primez des animaux gros et gras, soyez au moins logiques en

---

(1) Dans les campagnes, en France, aucun animal de boucherie, aucune viande ne sont visités.

(2) Ce corrosif dangereux n'a jamais guéri un phtisique. Par un traitement plus rationnel, nous obtenons souvent des succès merveilleux.

6

primant les beaux enfants. Invitez les hommes sains à procréer et donnez une prime d'autant plus importante aux chefs de famille qu'ils en auront plus besoin. Pour un porc, un baudet, un taureau, un cheval, vous donnez de 100 à 500 francs ; un bel enfant vaut plus que cela ; admettons une prime minimum de 200 francs et une maximum de 500 francs pour les enfants bien formés et vous verrez bientôt surgir une armée de rejetons qui rappèleront les types de la race antique.

Les hommes lutteraient de courage, sans craindre l'augmentation de la famille qui serait pour eux une double bénédiction, surtout si on les encourageait par une prime de 300 francs à partir du quatrième mâle, une prime de 400 francs au cinquième, une prime de 500 francs au sixième et une rente de 300 francs à partir du septième enfant quel que soit le sexe. Les primes seraient versées dès que l'enfant aurait atteint un an, afin de lui assurer les plus grands soins. La rente ne s'éteindrait qu'à la majorité du primé. Pour chaque enfant, à partir du huitième verser une prime de 200 francs. Donner à chaque procréateur méritant une médaille de bronze, d'argent ou d'or pour perpétuer l'honneur d'avoir bien travaillé *pro patria*. Cette distinction porterait le titre de : **Ordre du Mérite National** et représenterait une gerbe d'où surgiraient des *Amours*.

Quarante millions seraient amplement suffisants pour assurer une surproduction annuelle de *deux cents mille hommes*, ce qui ne serait pas un mince résultat et c'est le seul remède efficace ; car, avec l'assurance du lendemain l'amour se donnera sans calcul (1).

Suétone nous apprend que César, dans un but d'utilité d'Etat, fit distribuer de grands biens à vingt mille citoyens qui avaient au moins trois enfants.

Dans la province de Québec (Canada), on donne 48 hectares de terre à chaque famille ayant 12 enfants légitimes, aussi n'est-il pas rare d'y rencontrer des familles de 15, 17, 20 enfants et plus. A Heidelberg (Grand-Duché de Bade) il y a un boulanger qui a trente-six enfants.

Les Etats trouveraient facilement les sommes nécessaires pour ces primes en frappant d'un impôt élevé les alcools, les célibataires, indifférents et improductifs, le tabac (2) et les objets de luxe.

Des célibataires imitent l'oiseau moqueur qui dépose ses œufs dans un nid étranger pour n'avoir point de peine à les faire éclore, ils ne méritent point de pro-

---

(1) Ce serait plus sûr que les bureaux de tabac de Piot.
(2) En Suisse, dans certains cantons allemands, les enfants vont à l'école la pipe à la bouche et les autorités sont impuissantes à empêcher cette pernicieuse habitude. On peut contracter des chancres aux lèvres, à la langue, à la gorge en fumant des cigares ou cigarettes imprégnés de virus ; car des femmes, employées à leur confection, se font un plaisir de les rouler sur la cuisse, étant indisposées ou atteintes d'une affection honteuse, et l'on trouve dans des cigares, même réputés supérieurs, des poils noirs ou blonds dont l'origine n'est pas douteuse.

tection, car ils se flattent trop souvent de ces vers de Victor Hugo :

> Pourquoi nous marier
> Quand les femmes des autres,
> Pour devenir les nôtres,
> Se font si peu prier.

Pour faire naître dans l'âme du citoyen l'amour national, il faudrait refondre des rouages du mécanisme social qui sont complètement pourris. Personne ne veut être soupçonné de servir infidèlement la patrie et si l'on s'avisait de dire à ces patrons qui ne veulent pas d'ouvrière enceinte ou à ces chefs d'administration qui reprochent à leurs subordonnés des aptitudes prolifiques : vous êtes des traîtres à la patrie ! on s'exposerait probablement à recevoir une belle leçon de *savoir-vivre*, avec une chaleureuse protestation de dévouement à l'Etat. Cependant le repeuplement de la France ne sera remarquable qu'après avoir détruit des causes d'infécondité qu'aucune loi ne peut viser. Que l'on médite ces réflexions d'une dame dont l'éducation est une garantie de son amour maternel, mesuré cependant pas la crainte de compromettre sa liberté et son aisance : « Nous avons décidé de retourner dans la capitale où une belle situation nous est offerte. Or, là, dans les affaires, il ne faut pas de femme dans une position intéressante et pas d'enfants. Avant tout il faut bien présenter et c'est si vrai, que j'ai vu des patrons mettre leurs employées pendant trois mois à pied parce qu'elles se trouvaient dans cette position ; un mois de repos et les frais d'accouchement, avec ce système les économies filent vite. Et l'on parle de la dépopulation en France !

« Si c'est une nouvelle conception, je serai sans doute obligée de renoncer à la situation offerte, ce qui serait un grand malheur pour notre avenir, etc. » Voilà le grand amour que l'on professe envers la patrie en train de se dépeupler (1).

Dans son article de fond du 19 novembre 1900, le *Petit Journal* traite d'utopie le remède du sénateur Piot, contre la dépopulation, qui consiste à imposer les célibataires et l'alcool ; or, Duquesnel, l'auteur de l'article, déclare que le *premier tort* de la proposition *est une atteinte à la liberté de tous, et au droit de chacun de vivre à sa guise.*

Quelle est la loi qui ne viole pas la liberté de l'homme ? Après tout, si le célibataire vit en dehors des soucis de la famille dont il évite les obligations, il est juste qu'il contribue à alléger les peines de ceux qui ont de lourdes charges. Quant aux lois violatrices de la liberté, nous voyons les citoyens obligés de payer *l'air qu'ils respirent* sous peines de poursuites ; celui qui veut boire trouve qu'il est libre de se saoûler et cependant, s'il est surpris en état d'ivresse il est poursuivi et condamné ; il en est de même du débi-

---

(1) Cette dame fut traitée à Paris par une *doctoresse* qui l'électrisa pendant 4 mois à raison de 10 francs par visite en l'assurant qu'elle n'était pas enceinte et cinq mois plus tard elle mit au monde un superbe bébé. Aussi cette dame ajoutait-elle avec raison : « Ce n'est plus de la science, c'est tout simplement du charlatanisme ! »

6.

tant qui se juge libre de donner des boissons après certaines heures. Si je sors le jour, la nuit, avec un revolver dans ma poche et si, par une circonstance fortuite, je suis pris avec cette arme ou une autre, la loi, qui défend de tuer ou d'attaquer, me défend même de mettre ma vie à l'abri d'une surprise et me punit pour avoir eu l'idée de me garantir d'un voleur ou d'un assassin. Vous avez une propriété non close où des lapins font des ravages, la loi vous punit si vous prenez la liberté de les tirer sans permis ; mais un riche, qui a une vaste propriété close, peut massacrer bêtes à poils ou à plumes en tout temps. Il en est ainsi pour toutes choses ; la loi favorise le riche au détriment du pauvre et le code, dicté par le pouvoir impérial, est un amas de formules autocratiques que la démocratie n'a pu jeter au panier des ordures de la civilisation moderne.

La liberté est le droit qu'à tout homme de faire ce qu'il veut à la condition de ne point causer de préjudice à son semblable.

Aux causes de dépopulation énumérées, il faut ajouter la mortalité de l'enfance. Il y a 14 ans, le docteur Percheron déclara que : « CENT MILLE enfants mouraient en France chaque année, victimes de l'ignorance, de la misère et des mauvais traitements », ce qui est vrai. On néglige beaucoup trop les soins dûs à la première enfance. Les femmes éludent trop facilement les charges ou plutôt les devoirs de la maternité, au lieu de suivre ces sages conseils du docteur Brémont :

« Mères, soyez mères, c'est-à-dire nourrissez vos enfants. Tenez comme une règle générale est soumise à peu d'exceptions, que toute femme est apte à nourrir.

« A tous les âges et sous tous les climats, une mère, même avec peu de lait, vaut mieux pour son enfant que la meilleure des nourrices étrangères.

« L'allaitement, par un doux et poétique mystère de la nature, continue l'œuvre sacrée de la mère.

« Et comme la nature a ses lois morales avec ses lois physiques, elle récompense la mère des fatigues de l'allaitement en la mettant à l'abri de certaines maladies dont sont toujours menacées les mères qui ne nourrissent pas. »

Encourager l'allaitement maternel, c'est combattre la mortalité de l'enfance et assurer l'augmentation de la population avec son développement physique et moral.

Si vous voulez des enfants et une nation puissante, entrez donc dans la voie d'une salutaire pratique en excitant, par des dons raisonnables, le développement des familles pauvres. Les hommes robustes se montreront ardents et les faibles, en voulant les imiter, feront peut-être de belles choses ; mais il y aura une sélection à faire en éliminant de la lutte procréatrice tous les sujets tarés par un vice redoutable, moyen efficace de diminuer le nombre des incurables, tels que les syphilitiques, les phtisiques et les scrofuleux.

En procédant ainsi, les germes altérés se montreront de moins en moins et l'on rencontrera moins de matrices infécondes ; les nations, en se régénérant, deviendront plus saines et plus fortes.

Gustave Rousselot, dans son opuscule : *Le Repeuplement de la France*, prétend avoir trouvé la solution du problème par l'exemption de l'homme marié, durant quatorze ans, à partir du moment de son entrée dans l'armée active. Avec cette application, on verrait beaucoup plus de mariages précoces dans le but d'éviter la corvée de servir la patrie pendant la période la plus ardente de la vie ; mais les enfants ne deviendraient pas moins rares, les conjoints se souciant fort peu de diminuer les chances de leur bien-être et de leurs libertés sociales. Les riches en profiteraient comme les pauvres, après comme avant.

Un jour, à une femme riche ayant quatre enfants et ne manquant pas de dire la prière avant les repas, une visiteuse demanda : si elle s'arrêtait déjà ? Et la dame de répondre : — Ma foi oui, *on fraude !* — — Comment, répliqua la visiteuse, mais c'est une faute ! — Que voulez-vous, je sens bien que ça m'énerve et que ça fatigue mon mari, mais il faut bien s'y prendre comme cela, quand on a un homme qui est toujours après soi !

Dans le but de prévenir l'infanticide, plusieurs Etats ont institué ces *tours*, dépôts discrets de l'abandon maternel, mais le but visé n'a pas été atteint ; beaucoup de filles-mères ont préféré donner la mort à leurs enfants, plutôt que de les abandonner au hasard d'une vie malheureuse et honteuse, nos lois n'ayant pas eu la sagesse — tant est pauvre l'intelligence de nos législateurs retors — de substituer à un nom de famille inconnu, un nom de convenance ; dans l'armée on baptise d'un nom un cheval, mais quand à l'homme qui n'eut que le malheur d'être conçu par un père inconnu et une mère indigne, il ne mérite aucun nom, et l'on ose nous parler d'un progrès moral au début du xxe siècle.

On a tenté de sauver quelques centaines de vies humaines, par la louable institution des *pouponières*, dont les résultats n'ont pas été ce qu'ils devaient être ; enfin, je soumets aux réflexions de tous, le jugement rendu au mois d'octobre 1900 par le président du tribunal de Château-Thierry, M. Magnaud, juge intègre, le plus philanthrope de l'Europe ; ce jugement est une leçon d'humanité et de justice.

Ce bon juge, comprenant les faiblesses de la femme et les pièges que l'on tend à sa vertu, n'a condamné qu'à 16 francs d'amende, une pauvre fille, Marie Julie V..., qui tua l'enfant qu'elle avait mis au monde, étant né viable. Voici une partie des considérants :

« Attendu qu'avant de punir, *le droit et le devoir du juge* est de remonter avec le plus grand soin aux véritables causes, aux causes initiales des infractions pénales dont la société lui demande la répression ; que, dans l'espèce, c'est précisément à la société elle-même, telle qu'elle est organisée, qu'incombe la plus large part du délit qui a été commis par Marie V... ; qu'en effet celle-ci déclare qu'en dissimulant sa grossesse et son accouchement, même à sa famille, elle n'a agi que par crainte de la sourde hostilité et de la stupide et cruelle réprobation dont en général sont l'objet les filles-mères, comme si la maternité bien comprise n'effaçait pas toutes les irrégularités légales et ne relevait pas moralement toute femme qui en éprouve les douleurs et les joies ;

« Que si la société actuelle n'avait pas inculqué et n'inculquait pas aux générations qui la composent, le mépris de la fille-mère, celle-ci n'aurait pas à rougir de sa situation et ne songerait pas à la cacher ; que c'est donc à la société, contemptrice des filles-mères et si pleine d'indulgence pour leurs séducteurs, qu'incombe la plus large part des responsabilités dans les conséquences si souvent fatales pour l'enfant des grossesses et accouchements clandestins ;

» Attendu, au surplus, que tant que la femme dans la société occupera une situation inférieure à celle de l'homme, elle ne saurait équitablement encourir d'aussi graves responsabilités que celui qui la tient en tutelle ;

» Par ces motifs, etc. »

Comparez cet élan de justice humaine à l'infamie de ce juge qui laissa vingt-six jours, en prison préventive, une malheureuse qui, poussée par la faim, avait pris *trois petits pains*. Cette inhumanité valut, il est vrai, un tollé qui fut souligné par des applaudissements, à la Chambre française, le 25 février 1901. Le député Cruppi, s'adressant au Ministre de la Justice, lui dit : « La liberté individuelle n'existera pas dans ce pays, tant que vous n'aurez pas organisé un véritable recours contre les abus de pouvoir des magistrats. »

Il est triste de constater que s'il y a un ou deux *bons juges* dans chaque Etat, tous les autres sont de sinistres inquisiteurs, des gredins qui font de la loi la violation de tous les principes d'humanité.

« Le vrai criminel que la justice condamne, dit Pierre Piétri dans *Iaïou ou l'Amour Social*, n'existe pas, car nul ne commet un délit s'il n'y est pas poussé par une suite de circonstances plus ou moins définies. »

Plusieurs sectes se sont élevées contre la fécondatation illimitée qu'elles considèrent, dans les classes pauvres, comme une fabrique d'inutiles misérables et surtout comme une gêne sociale compromettante. La secte la mieux connue a eu Malthus pour chef ; cet économiste anglais recommande, dans son *Essai sur le principe de la population*, de surveiller les gens qui veulent se marier et surtout d'empêcher l'union dans les classes pauvres. Quelques Etats exercent dans ce sens une surveillance active ; la Bavière est dans ce cas.

En Chine, dans quelques provinces, l'infanticide et l'avortement, quoique défendus et sévèrement punis, sont des pratiques courantes ; à ce point de vue la Chine est en progrès sur l'Europe ; dans les villes, des affiches, en gros caractères, donnent l'adresse de sages-femmes offrant : *la manière infaillible de faire descendre les petits*. Il paraît qu'elles sont expertes en cet art de *coulement* sur les filles fécondées surtout, car tout enfant illégitime est impitoyablement étranglé en naissant. L'infanticide, dans les classes pauvres du Nord, — guère plus fréquent qu'en Angleterre — frappe plus particulièrement les filles, que les Chinois appellent : *une marchandise* dont on se débarrasse avec perte » tant elles coûtent cher à élever. (Docteur Matignon, ouvrage cité, pages 157 à 186.) Les pharmaciens, de Pékin et d'autres villes, affichent partout des réclames pour l'avortement : on peut y lire des offres comme celle-ci : *que ceux qui ne veulent pas avoir d'enfants* se rendent à la pharmacie X... pour y acheter des pilules stérilisatrices. Je garantis que, pendant plusieurs années, toute fécondation est impossible, etc. »

A ce point de vue, l'Angleterre peut donner la main à la Chine.

Si on prononce devant des Anglais, et surtout devant des Anglaises, les mots : *pantalon, gilet, chemise*, on passe pour un malotru, mais une Anglaise trouvera tout naturel de dire, même devant des étrangers : « Je vais chez mon médecin pour faire revenir mon sang. »

Les pharmaciens vendent à Londres, très librement, un litre de liquide qui fait ordinairement revenir les règles en retard.

En Suisse, le docteur Rymer condamne la secte malthusienne ; mais, reconnaissant lui-même les dangers de trop nombreuses fécondations chez les gens pauvres, il recommande un *moyen moral* qui diminue *heureusement* et sans danger la propagation de l'espèce humaine. (Voir chap. IV.)

Dans son livre intitulé *Jésus le Christ et sa vie*, le docteur Coullery (1), de la Chaux-de-Fonds, représente la femme, au début du monde, recevant les caresses du mâle au moment du flux mensuel et le repoussant aussitôt la fécondation opérée, imitant, affirme cet auteur, l'instinct des animaux qui suivraient tous cette règle qui a de nombreuses exceptions, car si des femelles, dès la première fécondation, repoussent les assauts du mâle, d'autres ont de nombreuses copulations avec des mâles différents ; la chienne est dans ce cas ; la chatte n'est pas plus scrupuleuse ; le lapin ne connaît ni heure ni saison, aussi dit-on, chaud comme un lapin ; l'ânesse reçoit le mâle avant, pendant et après la gestation ; l'amour chez les singes, de même que chez l'homme, n'a pas de saison ; chez les oiseaux, les femelles se laissent couvrir tant de fois par jour, l'été, le printemps, l'automne et même l'hiver. (Voir *Ménaupose*, chap. V.)

Les fraudes génésiques causent fréquemment la leurcorrhée, la dysménorrhée, l'aménorrhée, l'anémie, la métrorragie, des palpitations, la cardialgie, la gastralgie, la céphalalgie, des tumeurs, le cancer ; la péritonite, l'ovarite et la métrite en sont des accidents communs ; des crises nerveuses, l'hystérie, la chorée, l'épilepsie, des attaques paralytiques et des congestions ne sont pas étrangères à ces fraudes.

(1) Mort en janvier 1903.

L'effet du sperme sur la matrice est comparable à une rosée bienfaisante sur une plante desséchée, elle se relève, se ranime et vit ; sans cette pluie vivifiante, elle meurt.

Lorsque l'utérus est dans cet état spasmodique que font naître les rapports génésiques, il faut le calmer sans retard.

Que les fraudeurs pénètrent donc leur esprit de ces deux préceptes :

Une vie chaste apaise les passions. Le libertinage avance l'heure de la mort.

Outre les causes déjà énumérées s'opposant à la fécondation, il y a encore celles de commodités sociales, telle que la condition, pour se loger, de n'avoir point d'enfant ; cette condition, imposée dans les villes, gagne les campagnes, de sorte que l'on oblige, partout, des familles à restreindre leur pouvoir prolifique ; pour certaines professions on exige d'une femme qu'elle ne paraisse jamais grosse et si elle veut un abri à sa convenance il faudra qu'elle se conforme aux exigences de loueurs ennemis des enfants, ce qui prouve, une fois de plus, que la vie est une comédie politique, religieuse et sociale.

Si des hommes ne se marient pas de peur d'avoir des enfants, beaucoup de femmes redoutent le mariage pour cette cause et exigent de leurs maris la plus grande prudence, fut-elle préjudiciable à leur santé ; sans cette condition elles refusent toute complaisance et même tout devoir ; si quelques-unes consentent d'avoir un enfant, d'autres jurent de n'en point avoir, par crainte de perdre leur liberté, leurs aises et surtout de voir se déformer leurs charmes physiques.

Si de jeunes femmes, dès la première maternité, voient leurs seins s'affaisser, comme deux sacs vides, si elles remarquent, avec désolation, que la peau unie du ventre se couvre de profonds sillons qui permettent de compter le nombre d'enfantements, laissant au moins une ligne blanche ridée, elles maudiront le mariage qui déforme leur corps ; cependant les jeunes femmes ne sont pas toutes exposées à de pareilles déformations, puisque beaucoup retrouvent la santé, la vigueur et la beauté après un mariage fécond. Lorsque la peau abdominale descend jusqu'aux cuisses, formant le tablier des Hottentotes, cette dilatation est due à un défaut de soins élémentaires durant la conception. On peut y remédier par le port d'une ceinture abdominale qui soutient tout le poids du ventre et son contenu.

Des femmes de 40, 45, 50 ans et plus, ayant eu plusieurs enfants, ont les seins fermes, le ventre poli comme un miroir, sauf la légère apparence que laisse chaque accouchement, et leurs formes sont délicates (1). On rencontre, en revanche, des vierges dont le corps,

---

(1) Toute femme qui a eu un enfant, ou une grossesse avancée, porte ce signe indélébile toujours apparent ; la peau légèrement plissée sur toute l'étendue de la ligne ressemble à une trace de brûlure légère et ancienne. Lorsqu'il y a eu plusieurs enfantements, les lignes sont parallèles. Tout ventre ridé a été fécondé.

dès le jeune âge, est fané, de sorte qu'en pleine adolescence, à l'âge où les boutons des fleurs s'épanouissent sur une tige rigide, elles semblent une anomalie de la nature. La plupart de ces filles, il est vrai, n'ont rien fait pour développer leurs charmes naissants, qu'un régime débilitant et une négligence détestable ont puissamment contribué à flétrir.

Le mariage embellit plus souvent la femme qu'il ne l'enlaidit.

Devant les causes visant l'extinction de notre race, des hommes se sont levés pour engager les procréateurs à ne point écouter les conseils de l'avarice, mais à procréer largement. Leurs moyens, plus ou moins utopiques, sont loin de valoir celui que j'ai indiqué : LA PRIME CONDITIONNELLE, seule capable de lever toutes les difficultés et de dissiper toutes les craintes, car elle flatte l'amour-propre des citoyens en leur assurant une juste aisance.

Inviter les hommes à se reproduire sans limite et sans les encourager par des avantages rémunératoires, serait les inviter à prendre des billets d'une loterie de Hambourg pour leur faire courir *la chance* de perdre leurs avances sans jamais rien gagner ; or, où il n'y a pas d'intérêt à espérer, il n'y a ni courage, ni entraînement, il n'y a que méfiance et abstention.

Il ne faut pas trop plaindre ceux qui, sans parjure, ont beaucoup d'enfants et sont dans la gêne, mais ceux qui élèvent des enfants à la confection desquels ils n'ont point contribué, quoique l'on dise de ces enfants: il a les traits de son père! Elle ressemble à sa mère! Compliment d'usage qui amène souvent le sourire sur les lèvres de ceux qui le débitent. Des enfants ont quelquefois des traits qui évoquent des souvenirs étranges, malgré les précautions prises pour éviter des soupçons désagréables et il est avéré qu'entre deux conceptions on ne pourrait compter les infidélités consenties pour augmenter l'aisance. Pour les époux trahis la *prime* serait précieuse, car le principe de la repopulation ne peut reposer sur la production d'un certificat d'origine qui serait faux dans trop de cas pour l'exiger.

Le sénateur Piot, chaleureux promoteur de la repopulation, excite les critiques de ceux que gêne la réforme de vieux usages, tant il est vrai, qu'avec la meilleure volonté on ne peut contenter tout le monde et son père.

Une proposition importante du projet Piot concerne la surveillance de l'enfant auquel on donnerait des soins gratuits durant le premier âge pour lui conserver la santé; mais pour obtenir ce résultat, il faudrait modifier profondément l'organisation sociale. Pour combattre la mortalité infantile qui ravage surtout les villes où les enfants respirent de l'air vicié qui les influença dès la vie intra-utérine, il faudrait les soustraire du milieu mortifère dans lequel ils vivent, ce qui, pour beaucoup, serait difficile, à moins que la commune ou l'Etat s'en chargeât; puis, les soins ordonnés seraient-ils exécutés ponctuellement? C'est problématique, sachant que beaucoup de prolétaires, absorbés par des luttes quotidiennes, négligeraient les soins prescrits.

Le plus sûr moyen de prévenir la mortalité des enfants serait la *prime conditionnelle* qui forcerait, mieux que toutes les leçons, les intéressés à soigner leur progéniture dès qu'elle présenterait les signes de la moindre indisposition. Il serait important, par exemple, d'enseigner aux mères, que l'hygiène est la source de la santé et qu'une nourriture fortifiante, assimilable, est tout pour développer les enfants qui tombent rapidement dans le marasme s'ils sont mal nourris. Leur dépeindre les caractères des maladies les plus graves ; leur apprendre qu'il faut respirer un air pur, et qu'on ne doit donner aux enfants, tant qu'ils n'ont pas de dents, que du lait maternel d'une nourrice robuste ou, à leur défaut, du lait, préalablement bouilli ou stérilisé d'un animal sain ; leur rappeler que les désordres de la digestion, tels que fièvre, diarrhée, affaiblissement, exigent un nouveau régime momentané, pour prévenir des complications souvent mortelles.

L'exonération du service militaire des chefs de famille ne serait qu'un privilège immoral, qu'une infamie du favoritisme et la diminution ou exemption des impôts, proposée par Piot, serait un moyen insuffisant, attendu que ceux qu'il toucherait n'y trouveraient pas l'encouragement à donner plus d'enfants à la nation. Pour favoriser ce développement il faut plus que cela.

Si, à l'impôt du célibat, on ajoutait celui dont j'ai

parlé, sur les alcools et les tabacs, on trouverait des éléments consolateurs pour les familles gênées qui redouteraient d'autant moins de procréer, qu'elles auraient des revenus assurés, proportionnés à leurs justes besoins ; mais l'Etat vit lui-même de ces produits qui sèment la ruine, la folie et la mort ! Pourtant cette application serait facile si l'on voulait répartir plus équitablement les impôts et les émoluments des fonctionnaires qui ne devraient pas être de plus de mille francs ni de moins de cent francs par mois, d'où résulterait une économie annuelle d'une quantité de millions.

Tous les Etats prêchent le relèvement moral, mais comment leurs leçons seraient-elles écoutées, quand ils laissent s'abreuver d'alcool, se saturer de nicotine et se nourrir d'ignorance leurs sujets dont beaucoup noyent, comme en Angleterre, par exemple, le bienêtre de la famille, leur santé et leur indépendance dans du Scotch, de l'OlTom, de l'Irlande, du Porter, etc. On ne fera jamais une guerre assez acharnée à l'alcoolisme.

Le lieutenant-colonel Voutée n'a vu d'autre remède qu'un article 744 bis ajouté à l'article 744 du Code civil et qui serait ainsi conçu :

« Art. 744 bis. — Toutes les successions donnent lieu à partage. A chaque héritier sont attribuées, en outre de sa part, autant de parts égales à la sienne qu'il a d'enfants vivants ou représentés.

« Tout enfant unique, appelé à succéder à ses ascendants ou de leurs chef, reçoit à ce titre la moitié de leur héritage, l'autre moitié allant à celui ou à ceux auxquels la succession reviendrait à son défaut. »

Je ne vois pas comment cet article additionnel favoriserait la population dans les classes pauvres où les héritages ne sont que des successions de la misère.

La question du *repeuplement* a suggéré à une société d'assurer une somme de 6000 à 50.000 francs aux chefs de famille ayant quatre ou cinq enfants vivants en 54 mois de mariage, contre une prime de 400 francs par versements échelonnés, ce qui revient à une simple assurance avec des conditions d'une réalisation aléatoire, malgré la meilleure volonté des intéressés. Cette assurance ne pourrait toucher les nombreuses familles ayant de la peine à joindre les deux bouts.

Le principe d'utilité nationale de cette société est certainement bon ; cependant je lui préfère cette assurance qui, moyennant une prime mensuelle de 5 francs. pendant 10 ans, assure un capital important, une dot ou une rente, et verse, en cas de décès, avant l'expiration du terme ci-dessus, une fois et demie le capital versé, aux ayants-droit ; mais demander une prime à ceux qui n'ont déjà pas assez pour subvenir à leurs besoins, est leur faire venir l'eau à la bouche pour une bonne chose à laquelle ils ne peuvent goûter, ce qui est une preuve indéniable que seule, la prime de l'Etat est la plus simple et la plus sûre des méthodes pour assurer un rapide repeuplement (1).

(1) En Amérique où la mutualité n'est pas une pratique

Si l'humanité avait su se contenter d'une aisance suffisante et non évoluer dans le champ de l'orgueil, de la convoitise et de l'égoïsme pour étaler une vaine gloire, elle aurait pu assurer le bonheur à tous ses membres, au lieu d'escompter les tristes avantages de la ruse, de l'intrigue, de la jalousie, de la délation, de la félonie et de l'injustice.

Les humains, persuadés de leur éphémérité sociale, n'auraient jamais dû jouer le rôle de bêtes dominantes, mais s'assurer la paix, la concorde et le bien-être en pratiquant l'amour fraternel.

## § IV
### La traite des Vierges à Londres.

En 1885, la *Pall Mall Gazette* de Londres révéla au monde civilisé la dépravation londonienne en décrivant des scandales inouïs. Ces révélations furent d'autant plus consternantes que l'Angleterre, très rigide sur les principes religieux, jette par millions la Bible dans les pays qu'elle a conquis ; mais on constate généralement que les peuples aux apparences les plus puritaines sont aussi les plus pervertis.

L'histoire des plus grands hommes est illustrée de

---

fictive mais sérieuse, toute fille qui, dès l'âge de 14 ans, verse 2 fr. 50 par mois, soit 30 francs par an jusqu'à 30 ans, reçoit à chacune de ses couches la somme de 2.500 francs ; c'est là un progrès de solidarité sociale qu'on ferait bien d'imiter en France.

pages tristes ou sanglantes d'amours et l'on est consterné de voir tant de grandeur physique unie à tant de décadence morale. Il n'est pas moins curieux de constater le mépris de la femme, affiché par tous ceux qui ne peuvent s'en passer et de voir que ceux qui la décrient le plus, l'ont représentée mère de l'humanité et des dieux.

La fourbe Albion n'a rien à envier à la Bulgarie, dont les filles étaient, il n'y a pas longtemps, l'objet du plus odieux trafic ; à ce sujet, une des gloires de l'Angleterre, Gladstone, éleva sa voix indignée contre le commerce dont les filles bulgares étaient l'objet ; les unes enlevées de force ou sous l'influence d'un narcotique, ou à la suite d'une lutte dont elles sortaient vaincues ou violées ; les autres, vendues à un prix variant, selon la beauté des sujets, de 125 à 375 francs ; ces malheureuses étaient livrées à des pachas ou à des proxénètes de haute marque et Gladstone ignorait que dans son propre pays, à Londres (1), à deux pas de sa porte, ces faits se passaient comme en Bulgarie.

Afin de donner une idée des désordres épouvantables de la société londonienne, je vais détacher les principaux passages, publiés par la *Pall Mall Gazette* sous le titre de *Scandales de Londres* :

« Au cours d'une entrevue que j'eus dernièrement

---

(1) Rien ne doit surprendre des Anglais qui se sont déshonorés à jamais avec Jeanne d'Arc et Napoléon I<sup>er</sup>, et comme si ce n'était pas assez, avec les Boers.

avec un fonctionnaire très au courant de ces sortes de choses, je lui posai la question suivante :

— Est-il vrai, oui ou non, que si en ce moment je me présentais dans une maison où se fait le trafic des jeunes filles, le patron pourrait me procurer, contre argent, non une enfant déjà perdue, mais une véritable vierge, n'ayant pas encore été séduite ?

— Sans nul doute, me fut-il répondu.

— Et à quel prix ?

— Ceci est une question à part. J'ai vu vendre des vierges jusqu'à 500 francs.

— Mais enfin, ces enfants sont-elles au moins consentantes ?

— Oh ! rarement. Le plus souvent, elles ignorent ce qui va leur arriver.

Abasourdi, je repris :

— En sorte que Londres est le théâtre de véritables enlèvements, commis sur des jeunes filles qui sont ensuite vendues aux riches de la ville par les maîtres de lupanars !

— Absolument.

D'autre part, un membre du Parlement, que j'entretenais de la question, se mit à rire.

— Vraiment, me dit-il, je ne crois guère à la répugnance des jeunes filles dont vous m'entretenez. Il est parfaitement exact que l'on peut s'en procurer autant qu'on veut, et moi-même, je me ferais fort de vous trouver cent jeunes vierges à raison de 625 francs pièce, seulement aucune d'elles n'ignorera le sort qui lui sera réservé...

Voici les renseignements que me donna un patron de maison de publique sur les moyens de se procurer de jeunes vierges :

— Je me rendis en province sous un costume d'homme sévère et pieux, je me rencontrai avec de jolies filles leur proposant une bonne place, largement rétribuée ; il était rare qu'elles n'acceptassent pas, je les emmenais à Londres, dans ma maison où les attendait un client à qui je les livrais.

Curieux de savoir jusqu'à quel point mon individu m'avait dit la vérité, je m'adressai à un des *voyageurs* en question pour obtenir dans les trois jours deux filles vierges pourvues d'un certificat de médecin attestant leur virginité.

Deux jours s'étaient à peine écoulés que je recevais avis que, moyennant 250 francs, je recevrais la livraison à mon domicile d'un couple de fillettes munies du certificat exigé.

Mon commissionnaire ajouta :

« Les deux enfants dont il s'agit sont les filles de deux maîtresses de maisons publiques qui se sont décidées à les vendre sur la déclaration qu'elles étaient destinées aux plaisirs d'un vieux gentleman fort riche...

» Je suis donc prêt à vous amener les deux enfants contre argent, et j'ajoute qu'il me serait possible de me procurer d'ici huit jours une demi-douzaine d'autres vierges, âgées de dix à treize ans. »

J'arrêtai là la négociation, convaincu de la réalité du marché aux jeunes filles ; mais je ne m'en tins pas là, et je fis la connaissance d'une matrone de la ville qui me dit ce qui suit :

« J'ai vu, me dit-elle, des jeunes filles venir pleurer dans ma cuisine en déclarant qu'elles en avaient assez et qu'elles ne pouvaient plus supporter leur existence. J'étais alors forcée de les faire boire un peu et de les conduire moi-même sur le trottoir pour les décider à reprendre. Si elles ne m'eussent pas amené quelques clients, comment aurais-je pu payer mon terme ? »

— Mais ces filles, lui demandai-je, qui les avait jetées chez vous ? Y étaient-elles venues de leur plein gré ?

— Quelques-unes, me répondit-elle : quant aux autres, elles n'avaient pas à choisir.

— Que voulez-vous dire ?

— Je veux dire, tout simplement, qu'elles étaient restées ignorantes jusqu'au jour où elles avaient trouvé brusquement un homme dans leur chambre à coucher, mais il était trop tard pour se débattre. On vient à bout de toutes les résistances avec une pincée de tabac dans un verre de bière.

— Et de quelle façon vous procurez-vous ces jeunes filles ?

— Hé bien, un exemple : J'avais remarqué depuis quelque temps une fort jolie fillette de treize ans environ, grande, robuste, et faite à ravir pour satisfaire les exigences de ma clientèle. Je la suivis chez sa mère et je l'engageai facilement comme domestique. Le lendemain nous partions ensemble à Londres. Depuis, la mère ne l'a jamais revue.

— Et que s'est-il passé ?

— Peu de jours après mon arrivée chez moi, j'ai trouvé un amateur qui m'a offert 325 francs de sa virginité. Le marché conclu, je fis prendre à la petite un narcotique, à base de laudanum, qui l'endormit comme une souche, et c'est ainsi que le Monsieur l'a eue.....

« Au nombre des petits mystères que mes recherches me firent découvrir, il importe de citer les précautions prises pour entraver des vierges récalcitrantes. Un fait qui m'a été rapporté établira à quelles perfections atteignent parfois les industriels dont je parle. Pour satisfaire un riche gentleman, dont les sens épuisés et perdus ne s'éveillaient plus qu'au contact de toutes jeunes enfants, une entremetteuse prenait le soin, chaque fois qu'elle amenait à son client une enfant de moins de quatorze ans, de l'attacher au fer du lit, les bras et les jambes étendues de façon à paralyser toute tentative de résistance... »

J'eus dernièrement un assez long entretien avec deux entremetteuses de profession, Mmes X... et Z..., touchant l'état de leurs affaires, leur façon d'opérer, les procédés de raccolage, les prix approximatifs des vierges vendues, les bénéfices rapportés, etc.

— Est-il vrai, leur demandai-je notamment, que les demandes de jeunes filles aient diminué depuis quelque temps par suite de fraude et de déloyauté dans le commerce ? On m'a affirmé que les enfants avaient probablement baissé le marché à cause de la trop grande quantité de pseudo-vierges qui l'encombrent.

— Rien n'est moins vrai, me repondit l'une de mes deux interlocutrices ; on trouve des vierges avec trop de facilité pour qu'il soit nécessaire de tromper le client, j'ajouterai même que la quantité de demandes est aujourd'hui plus considérable que jamais... Ainsi, le docteur X..., qui, autrefois, prenait chaque semaine une vierge au prix de 250 francs, préfère maintenant en prendre trois par quinzaine et ne les paie plus que 150 francs l'une dans l'autre.

Je me récriai :

— Trois vierges par quinzaine, mais cela fait plus de 70 par an ! (1)

— Eh oui ! dit Mme Z..., et le docteur en prendrait encore davantage si je pouvais les lui fournir. Seulement, c'est un original ; il ne veut que des vierges de 16 ans, ce qui complique tout de suite la question...

— Et que faites-vous en cas de résistance ?

— Oh, on en vient toujours à bout.

— Enfin, dis-je brusquement, vous serait-il possible de me procurer cinq vierges pour samedi prochain ?

Mlle X..: eut un instant de réflexion.

— Diable, dit-elle, cinq vierges, cela est peut-être beaucoup. Trois, ça irait tout seul, mais cinq !...

---

(1) Dépenser 10.800 francs par an pour déshonorer 72 vierges, c'est tout à fait schoking, mais c'est anglais !

« Cependant je veux bien essayer. Nous sommes aujourd'hui mercredi, j'ai donc quatre jours devant moi. »

L'affaire fut aussitôt conclue, je versai des arrhes, et nous prîmes rendez-vous pour le samedi suivant, sur un point de Margledoneroad.

A l'heure convenue, j'arrivai, et presque aussitôt je fus rejoint par Mmes X... et Z..., que je vis arriver de loin, accompagnées de trois petites filles. Les deux femmes s'excusèrent de leur mieux et donnèrent leur parole de m'amener le complément de ma commande.

Je ne fis aucune observation, et nous nous rendîmes immédiatement chez le docteur. Là, une surprise nous attendait ; l'homme de l'art, après examen, ne délivra le certificat qu'à une seule des trois enfants, se basant sur ce que les deux autres n'étaient pas ce que j'appellerai *intactes*, quoique ayant encore leur virginité.

Nous fûmes plus heureux pour les deux jeunes filles qui me furent amenées le lundi. Elles obtinrent chacune le certificat de visite rédigé ainsi qu'il suit :

20 juin 1885.

Par la présente, je certifie avoir visité les demoiselles W. et K., âgées de 17 ans, et avoir constaté qu'elles sont vierges toutes deux.

X., docteur en médecine.

Les demoiselles W. et K. signèrent, en retour, et me remirent les actes d'engagements suivants :

Engagement. — Par la présente, je déclare me livrer à vous, moyennant la somme de....., et être disposée à me rendre à telle adresse qu'il vous plaira de m'indiquer 48 heures à l'avance.

(Suivent les noms et adresses).

Comme on le voit, le prix de vente avait été réservé. Non encore content du résultat assez concluant cependant, je poussai plus loin l'expérience et je me fis procurer, dans la même semaine, quatre autres filles de 13 à 18 ans.

Chose curieuse, cette fois encore la visite du médecin fut défavorable ; sur mes quatre nouveaux sujets, un seul fut reconnu *intact* à l'examen. C'est d'ailleurs la plus âgée des quatre jeunes filles.

Elle me le remit aussitôt avec un acte d'engagement ainsi conçu :

Engagement. — Par la présente, je prends l'engagement de vous appartenir moyennant la somme de 125 francs, et je me déclare prête à me rendre où il vous plaira de m'envoyer après m'en avoir avisée 48 heures à l'avance.

Nour. D..., âgée de 18 ans.

## § V

**Impuissance de l'Evangile. — Statistique. — Abortifs. — Demi-vierges et Fausses vierges.**

Dans une conférence donnée au Locle, un pasteur de Morteau, au mois de décembre 1896, sous le titre :

*Beaucoup de maux, un seul remède*, fit le triste tableau de l'état moral et religieux de la France : « Affaiblissement moral, incrédulité, immoralité, dégénérescence de la famille, diffusion immense des mauvais journaux, alcoolisme dont les ravages sont effrayants, indifférence remplaçant la foi chez la plupart des catholiques, etc.

« Le remède à tant de maux, conclut le pasteur, c'est l'Évangile. »

Si vous vous croyez assez fort ou assez adroit pour convertir l'humanité pervertie avec l'ÉVANGILE prêché partout depuis tantôt vingt siècles, comment n'êtes-vous point surpris de voir la Bible dans toutes les familles protestantes pour constater en tous lieux le même désœuvrement, sans le souci de l'avenir de l'âme ? Avouez votre impuissance à conduire la barque humaine sur cette mer des désirs semée d'écueils où viennent échouer tant de vertus et où, chaque jour, le sot, le jaloux, l'hypocrite sèment dans l'ombre le germe des passions. Malgré vos efforts vous ne pouvez détourner, des lèvres des passionnels, le calice perfide qui contient, mêlés au miel, du vinaigre et du fiel.

Lisez cette lettre d'une jeune fille habitant une localité industrielle de la Suisse allemande : « Au début, trompée, ensuite abandonnée *de tous et de toutes*, je fus réduite à devenir *maîtresse du plus offrant*, qui devait être atteint *de la maladie*.

« Mon amant dut partir et maintenant je ne puis m'asseoir et il me faut travailler pour moi et pour mon enfant ; sans travail que faire ? mourir ou recommencer cette vie de luttes et de misère. Oh ! non, c'est trop affreux !... Ayez pitié de mon infortune, je vous en supplie. » La lettre de cette infortunée ne fait-elle pas ressortir, dans sa naïve brutalité, la scélératesse de nos institutions sociales ?

Ainsi que le dit un poète :

> Vous ne consolez pas notre humaine folie,
> Et vous n'enlevez rien à cette noire lie.

Vous n'avez rien changé et on pourrait appliquer à toutes les sociétés ces paroles que le savant Barthelémy mit dans la bouche d'Euclide : « Croyez-vous, en vous civilisant, avoir fait un grand pas vers la perfection ; qu'avez-vous donc gagné ? De substituer dans l'ordre général de la société, des lois faites par des hommes, aux lois naturelles, ouvrage de Dieu ; dans les mœurs, l'hypocrisie à la vertu ; dans les plaisirs, l'illusion à la réalité ; dans la politesse, les manières aux sentiments, et partout l'artifice à la vérité. J'ose le dire, les peuples éclairés n'ont d'autre supériorité que d'avoir perfectionné l'art de feindre et le secret d'attacher un masque sur tous les visages, et si la vérité venait parmi eux, elle s'en retournerait bien vite ; ils la prendraient pour l'erreur. »

Peu après le commencement, d'après la Bible chère à votre cœur, Dieu punit par un déluge la perversité du genre humain ; plus tard, malgré les plus sages avertissements, il détruisit des villes enivrées de débauches honteuses, mais ni menaces, ni châtiments n'ont corrigé la nature dissolue des humains. Depuis la note est montée à un ton si aigu, que l'on ne peut l'entendre sans écœurement. Auriez-vous encore la prétention de détruire, comme par enchantement, ces débordements de rut et de désœuvrement qui entraînent l'humanité dans un tourbillon effréné ? Votre impuissance échoue devant ce triste fait, que l'on préfère, à la vertu toute nue, le vice honteusement paré !

En Suisse, à côté de rares moralisateurs sincères, on en rencontre beaucoup d'austères dans la rue, n'y tolérant aucune incartade et qui, dans l'intimité ou en certaines occasions, rendraient des points à plus d'un cinique et l'on peut se demander où niche la vertu ?

Une jeune fille du Locle, réputée vierge farouche, va poser ailleurs, toute nue, en postures *ultra* érotiques pour le bonheur de ceux que satisfait la vue de cartes illustrées du nu dans sa plus sale crudité.

A Neuchâtel, un bon vieux momier fait sa joie de courir, autour d'une table, après une fille de 16 ans, complètement nue.

Ailleurs, on pourrait citer la réunion de fins goumets, combien rigides pour les mauvais livres et les vilains propos, se faisant servir à table par deux femmes complètement nues ; ça coûte cher, mais pourvu qu'on rigole et qu'on l'ignore !

A la fin de l'année 1904, à Lausanne, 18 convives (je précise) se réunirent pour passer la plus joyeuse soirée qui se pût imaginer ; c'était la fine fleur de tout ce qui se recommande de la vertu en action et de la morale biblique, si chère à David et à Salomon ;

nos aigrefins, tirés sur le volet de la société dirigeante, voulurent faire orner leur table d'une belle femme de la ville, servie à la Vénus de Praxitèle, sur un grand plat d'argent ; les désirs que ce cher caprice leur causa, engendra aussi de telles fureurs et de tels écarts qu'un pharmacien d'Y...., ayant trop goûté à tout, mourut après un bain hygiènique pris trop tôt.

Quand on s'y met on s'amuse bien ! Allons, parlez-nous encore de la Bible, de la vertu et de votre morale, il en restera toujours quelque chose !

Si, en France, il y a un fort courant de malpropretés et si la population diminue ou reste péniblement stationnaire, (1) on constate, en Suisse (2), un état qui n'est pas plus édifiant. Le chiffre de la population de la Suisse étant de trois millions, je prendrai, pour représenter l'élément féminin, le quart de ce nombre, soit cept cent cinquante mille et le quart encore de ce nouveau nombre pour avoir la quantité faiblement approximative de femmes qui cherchent à éluder les charges de la maternité, ce qui donne cent quatre-vingt-sept mille cinq cents sujets et je ne parle pas des hommes qui éludent les mêmes charges de leur côté ;

---

(1) Ce fait est le plus compromettant, car chaque année voit diminuer les chances d'une heureuse revanche tandis que son ennemie de l'Est a augmenté de plus d'un tiers depuis 1870.

(2) Parent-Duchâtelet, dans sa *Prostitution à Paris*, classe la Suisse troisième pour le nombre de prostituées inscrites avec le nombre 59, à Paris, mais si l'on comptait les non inscrites !

sur ce nombre, si on admet que quatre-vingt-cinq mille femmes échouent dans leurs tentatives, il n'en reste plus que cent mille qui réussissent chaque année à empêcher ou à détruire une fécondation ; c'est un trentième de la vie nationale qui ne se développe pas et cela annuellement.

Ne taxez pas mes notes d'exagération ; car je suis au-dessous de la vérité ; avant de vous expliquer comment cela se pratique, rappelez-vous les faits suivants : Au mois d'octobre 1897, on a jugé à Payerne, une affaire d'avortement dans laquelle une sage-femme et trente-quatre dames furent compromises.

Au mois d'août de la même année, on arrêta à La Chaux-de-Fonds, une faiseuse d'anges, la femme D..., dont je reparlerai, qui ne dénonça qu'une vingtaine de ses criminelles victimes.

Au mois de février 1898, six femmes furent arrêtées pour infanticide, à Zurich.

C'est, me direz vous, le crime détruisant le fruit d'un autre crime. Pas toujours, M. le Pasteur ; s'il y a des fruits illégitimes, il y en a aussi de légitimes.

Les moyens employés pour ces résultats sont :

**Les Abortifs** (1). — Indirects et directs, les premiers, en grand nombre, plus ou moins actifs, sont fournis, pour la majorité, par le règne végétal ; les principaux peuvent être classés ainsi :

(1) Des praticiens prétendent qu'il n'y a pas d'abortifs proprement dits ; si on entend par là leurs insuccès, c'est vrai ; mais on constate souvent leur action expulsive.

*Seigle ergoté* (*secale cornutum*) ; le plus actif et le plus dangereux, à cause de la gangrène des extrémités qu'il ne manque pas de produire lorsqu'on l'administre sans prudence ; il est communément employé dans les campagnes où le seigle est une des principales cultures.

L'*Ergotine*, principe actif du précédent, en a les avantages sans les inconvénients, dépourvue qu'elle est par les manipulations qu'elle a subies, de ses cryptogames mortifères. C'est à la fois un puissant tonique hémostatique et un emménagogue. Selon les cas, il arrête les hémorragies utérines ou les provoque ; c'est le médicament de l'utérus, un spécifique qui agira d'autant mieux qu'on le donnera le moins tard possible ; c'est un décongestionnant de la matrice, de l'estomac et du cerveau.

L'*Aloës*, le *Séné* et tous les purgatifs violents.

L'*Absinthe*, l'*Armoise*, la *Tanaisie*. Ces plantes, surtout la première, sont très recherchées dans les villes et les campagnes où des filles et des femmes en absorbent journellement jusqu'à effet — quand il a lieu — de copieuses infusions.

L'*Apiol* (principe actif du persil) est un puissant emménagogue. (Voir Stérilité, chap. V.)

L'*Assa-Fœtida* est aussi un agent actif, mais à effets multiples.

L'*If*, violent poison pour certains herbivores.

La *Rue* (rheas officinalis) est un emménagogue **très** connu, mais moins usité que les précédents à cause de sa mauvaise odeur.

Le *Café*, en infusion concentrée, peut causer de violentes hémorragies.

Le *Gui*, en infusion, passe pour un puissant antipériodique.

La *Sabine*, de la famille des conifères, est un emménagogue actif à hautes doses.

Le *Safran*, la *Sauge*, le *Thym-Serpolet* ont aussi la réputation de provoquer l'expulsion du sang.

L'*Acide hennolanique* est employé par les Arabes.

Le *Seneçon*, employé jusqu'ici comme émollient, possède des propriétés abortives très puissantes.

L'*Euménol* (extrait du Tang-Kuy) est enfin réputé pour un très puissant abortif.

Telles sont les principales plantes utilisées dans le but de corriger un retard mensuel ; mais il ne faudrait pas croire que leur effet est constant et que toute femme est délivrée après en avoir pris une plus ou moins grande quantité. A part l'intervention directe, on ne peut jamais compter sur cette action qui dépend de la durée du retard, de la sensibilité du sujet et de son tempérament. Des femmes peuvent prendre n'importe quoi, se livrer à n'importe quel exercice violent sans empêcher la fécondation de suivre son cours normal.

Parmi les sels minéraux, l'*iodure de potassium* est communément employé ; c'est l'agent que beaucoup de praticiens ordonnent contre les retards mensuels (1).

(1) Bilz, dans sa *Médecine Naturelle*, indique plusieurs

Ces révélations prouvent combien sont inutiles les leçons de morale aux passionnels qui ont peut-être raison d'éviter la naissance d'enfants qui diraient dans une expression de douleur désolante : pourquoi, sans père ni mère, nous avoir jetés dans les tourbières de la vie ? pourquoi ne nous a-t-on pas laissés dans le néant ? Nous n'avons pas demandé à vivre pour souffrir !

Chaque jour la quatrième page des journaux offre

moyens contre la fécondation, mais les uns sont coûteux, incommodes et aussi peu certains que dangereux.

L'histoire des Tribunaux est remplie de tentatives couronnées d'un crime *post-nativitas*, plus grave qu'une simple tentative d'avortement. Une cause célèbre fut celle de M$^{me}$ Lemoine, de Chinon ; cette riche propriétaire avait une jeune fille de 16 ans, vicieuse au point de se livrer, après avoir fait les plus libres avances, à son propre cocher dont la sotte vantardise et l'indiscrétion exaspérèrent la mère qui, résolue à faire disparaître le fruit d'une faute voulue, fit prendre à sa fille toutes sortes de breuvages, sans succès ; elle lui fit faire des courses folles en voiture et en charrette, sur des chemins impraticables, espérant, par les violentes secousses des véhicules, faire revenir le sang dès les 4$^e$ ou 5$^e$ mois ; cela ne réussissant pas elle lui fit gravir une colline, montée sur un âne, obligeant la patiente à se rouler jusqu'au bas ; la nature semblait prendre plaisir à se jouer des tentatives de M$^{me}$ Lemoine qui empêcha sa fille de sortir, jusqu'à sa délivrance. L'enfant ne fut sorti des entrailles de sa mère que pour être jeté dans un feu de sarments où il fut consumé. Dénoncée par le cocher, la mère criminelle dut avouer son crime.

un *préservatif sûr* et *commode*. Les personnes qui ne veulent absolument pas d'enfant n'ont qu'à demander dans la première pharmacie venue *un grain d'amour* ou un *panama*, etc., elle seront servies à souhait, mais ces préservatifs ne sont pas sûrs puisque l'on voit des personnes qui s'en servent, être déçues dans leurs espérances ; c'est alors qu'on recourt à d'autres moyens ; pourquoi se gêner quand on invite les dames, à prendre l'*apiol* de X., Y., Z. ; celle de Paris, de Bruxelles, etc. ; où il y a de la gêne il n'y a point de plaisir.

Un suppositoire, à base de belladone et d'ergotine, introduit dans le rectum, est aussi recommandé.

Voilà pour les abortifs indirects.

Les abortifs directs comprennent trois procédés, d'autant plus certains dans leurs effets qu'ils atteignent sûrement l'enveloppe de l'œuf, de l'embryon ou du fœtus.

Le plus usuel est un lavage à l'aide de l'irrigateur à suspension contenant un litre ou deux de liquide et placé à une certaine hauteur ; à l'aide d'un tuyau en caoutchouc muni d'une canule recourbée assez longue, le liquide est dirigé sur l'utérus, la canule emprisonnée dans le col utéral, condition indispensable de réussite ; le liquide, sous la pression atmosphérique, jaillit sur l'enveloppe de l'œuf qu'il décolle, provoquant sa chute (1). Si l'on connaissait toutes les femmes qui s'en servent, les moralistes s'écrieraient

(1) De l'eau chaude assure mieux le succès.

indignés : C'est la désolation de la désolation ! Ce moyen, qui échoue assez souvent par la maladresse de celles qui l'emploient, peut causer de graves accidents ; de l'eau peut tomber dans le péritoine et provoquer une *métropéritonite* mortelle, causant de cruelles déceptions à des maladroits que la prison récompense pour des services ayant donné des résultats inattendus.

Le deuxième procédé consiste à mettre en demeure une sonde *ad hoc*, un dilatateur tel que la *laminaire* racine d'une algue marine *lamin.. digit.* qui augmente considérablement de volume au contact d'un corps humide, ou à tamponner le col de l'utérus pour obtenir le décollement de l'œuf.

Le troisième procédé, plus violent et plus rapide que les autres, consiste à percer jusqu'à l'œuf les membranes qui l'enveloppent.

Les femmes romaines étaient des plus expertes en l'art de provoquer les avortements ; il y avait des matrones qui ne faisaient que cela et Dieu sait si elles avaient de la besogne puisque dans toutes les classes, filles et femmes en usaient largement, trop largement même, beaucoup trouvant la mort à la suite de manœuvres trop violentes ou trop tardives.

Sabine, femme de Claude, toute impératrice qu'elle était, disait à qui voulait l'entendre : qu'elle ne donnerait jamais d'enfants à son mari de peur qu'ils ressemblassent à leur père, et en effet, elle ne laissa jamais soupçonner un état de grossesse ; mais Claude, avant de mourir, la fit tuer en disant : qu'elle ne donnerait pas d'enfants à d'autres.

Ces manœuvres ont une tendance marquée à entrer dans nos mœurs ; j'en donne pour preuve le procès qui se déroula, fin mars 1897, à la Cour d'assises de la Seine et dont les héros, les docteurs Boileux et de la Jarrige, furent applaudis à tout rompre pendant la plaidoirie de leurs habiles défenseurs ; de tels applaudissements sont significatifs ; les deux coupables n'en furent pas moins condamnés à cinq ans de réclusion (1), mais sur ce verdict de la conscience d'honnêtes gens, le public hua et cria : *à bas les jurés!*

Des praticiens ordonnent des emménagogues pour relever les forces de sujets épuisés. Il peut arriver qu'une femme ou fille cachent un commencement de grossesse, il peut aussi se présenter le cas où elles l'avouent, mais que l'intervention médicale soit utile pour empêcher la conception.

Les sujets faibles, phtisiques ou scrofuleux, atteints d'hémorragie ou de vomissements incoercibles tombent dans le dernier cas, de même que ceux qui ont des lésions à l'utérus, tumeurs, cancers, etc., ou une étroitesse du bassin.

Quelques exemples vont démontrer que sans responsabilité, sans désagrément, sans peine et sans risques, l'on veut jouer à l'amour et que les précautions prises sont de plus en plus étudiées ; malheureuse-

---

(1) Après deux ans de détention ils furent grâciés par le chef de l'Etat.

ment, s'il arrive qu'elles manquent le but, on recourt aux grands moyens.

Si la discrétion n'était pas une muselière, je pourrais citer tels solliciteurs ou solliciteuses, les uns offrant 500 francs pour éviter le déshonneur, d'autres offrant la même somme pour prévenir un scandale. Un homme d'une famille respectable m'offrit 1.000 francs pour débarrasser une fille qu'il avait séduite, mais qui s'était *abandonnée sans résistance*; il répondit à mon refus formel : « Il faudra que ça passe à n'importe quel prix ! » Il est allé à Genève. A-t-il réussi ? je l'ignore ; si oui, tant mieux pour lui ; ce sera une *vierge* de plus !

— « Je suis chargé d'une commission », vint me dire, un jour, un employé d'une grande administration.

— Venez au fait !

— « Une belle fille, âgée de vingt-deux ans, est enceinte de trois mois ; elle est allée avec un *miston* qu'elle ne peut épouser ; elle donnerait bien cinq à six cents francs pour se débarrasser de ça. »

— Elle a fait le péché, elle doit faire la pénitence, répondis-je.

Deux dames, l'une chargée de famille, ne voulait plus d'enfant ; l'autre, sans enfant, mariée depuis trois ans, voulait en avoir un. En présence de situations si opposées, je ne pus m'empêcher de leur dire : L'une devrait bien passer ce qu'elle a de trop à l'autre. Les choses sont allées pour le mieux ;

l'une eut un nouveau bébé et l'autre a fini par avoir le sien.

Une dame, qui faillit mourir d'épuisement à la suite d'une première couche laborieuse, me fit prier par une de ses amies de lui corriger un retard récent et de donner quelque chose à son mari pour éteindre ses ardeurs : « Un gros homme puissant, toujours sur elle, si faible ! » Je n'hésitai pas à lui donner une formule et des instructions pour éviter une conception dangereuse, mais je fis comprendre qu'on ne pouvait rien donner au mari à son insu.

— C'est un brutal, un homme sans cœur, qui ne vit que pour lui ; il ne comprend pas qu'il tue cette pauvre femme et ne tient aucun compte des conseils qu'on lui donne.

— Que voulez-vous, madame, que j'y fasse ? C'est fâcheux pour votre amie qu'il n'y ait plus de noueurs d'aiguillettes.

— Qu'est-ce que c'est que cela ?

— Des gens, madame, qui faisaient métier, par magie, d'enlever aux hommes toute aptitude génésique, les réduisant à l'impuissance.

— Croyez-vous que ça puisse se faire ?

— Je n'y ai jamais cru sérieusement. Parmi les formules employées, en voici deux, celle-ci tirée du Petit-Albert : « Ayez le nerf d'un loup nouvellement tué ; puis, étant proche de celui que vous voulez lier, vous l'appellerez par son nom et aussitôt qu'il aura répondu, vous lierez ce nerf avec un lacet de fil blanc et l'homme sera si inapte qu'il ne le serait pas davantage si on l'avait châtré. » Cette formule est assez simple, à la condition pourtant d'avoir un loup.

Celle-là, tirée de Virgile, est d'une simplicité admirable : « Tresser trois rubans de couleurs diverses qu'il faut nouer en trois nœuds et en s'écriant : Je noue les liens de Vénus » (1).

Une veuve et son beau-frère, veuf aussi, ne purent, vivant dans une intime promiscuité, résister à la tentation de la chair :

— Comment voulez-vous que je fasse ? j'ai le mien, mon beau-frère a la sienne, vous comprenez que nous ne pouvons pas nous marier ; le docteur S... m'a donné beaucoup de choses ; à la fin il m'a dit : « Je ne comprends rien à votre nature, je ne suis pourtant pas un vétérinaire. » Si le docteur X... avait voulu faire plus énergiquement, je n'en serais pas là ; je suis solide comme un cheval (sic). Les tentatives faites n'ont pas réussi.

Une jeune fille, amoureuse d'un professeur marié, entretint des relations avec lui ; pendant les leçons particulières ces relations étaient d'autant plus faciles que la jeune fille était parente de la femme du professeur ; une suppression des règles étant survenue, la jeune fille fut malade des différents remèdes qu'elle prit et m'avoua la cause de son mal ; lui ayant fait observer combien sa situation était fausse, elle me

(1) Dans l'antiquité, des hommes illustres croyaient à l'influence des sorcières. Ovide attribuait son impuissance à un sort qui lui aurait été jeté ; il y avait peut-être une influence due à la suggestion.

répondit : « Il y a bien de quoi de ça, quand on aime, ce n'est pas un péché. » Je n'avais plus rien à objecter. La rusée avait probablement lu ce bon Molière et retenu dans son *Tartufe*, acte IV, scène V, cette réponse de Tartufe :

> Le scandale du monde est ce qui fait l'offense,
> Et ce n'est pas pécher que pécher en silence.

Elle continua ses relations et fut de nouveau repincée, mais j'ignore comment elle s'en est tirée. Cette jeune fille appartenait à une famille protestante orthodoxe et ne manquait pas un culte le dimanche.

Une jeune fille, dont la mère, veuve, avait elle-même tenté en vain d'empêcher une conception d'arriver à terme, m'avoua avoir pris un tas de choses sans succès ; son fiancé, parti en France pour y faire trois ans de service, l'avait mise dans cet état. Elle finit par consentir d'attendre sagement les événements, ce qui est une résolution trop peu commune.

Une jeune femme, en instance de divorce, se fit mettre enceinte par un homme aisé qui voulait à tout prix voir disparaître les fruits de ses œuvres et la femme disait : « Moi, qui ai demandé le divorce, pensez donc quelle honte pour toute ma famille, surtout si mon mari apprenait l'affaire. Le monsieur donnerait cinq cents francs pour que cela réussisse ; l'autre jour, mes parentes vinrent me voir et me dirent : Comme tu grossis ! nous n'oserons plus venir te voir. »

Cette femme était à un degré assez avancé ; je ne sais à qui elle s'adressa, mais elle aboutit à ses fins.

Une jeune fille insensible aux combats de l'amour, vivant avec un sien parent dont la femme ne lui avait jamais donné d'enfant, fit trois fausses couches et se maria avec un garçon de très bonne famille, homme sérieux qui disait à ses amis : « Jamais je n'ai vu une fille aussi naïve que ma femme ; on ne peut pas dire qu'elle a connu un homme ! »

Une jeune femme divorcée, en très haute estime dans les familles les plus riches et les plus religieuses de la Chaux-de-Fonds, se plaignit d'avoir une suppression des règles depuis un mois et demi ; jugeant cette personne sur sa tenue sévère et sa bonne mine, je la traitai pour une aménorrhée, car la suppression des règles est souvent liée à l'anémie, à un refroidissement, etc. ; le sang revint ; elle m'avoua alors qu'elle avait eu des relations avec un monsieur, une seule fois, sans savoir pourquoi ; c'était là le refroidissement qui l'avait empêchée d'être indisposée ! — « Si on l'avait su, me dit-elle, j'étais perdue ! songez donc, quand on parle de Mme X..., merci, ce n'est pas peu de chose ! »

Une dame de 35 ans, qui avait dix enfants, vint me dire, en déclarant qu'elle n'en voulait plus : « Je suis encore prise, mon mari n'a qu'à mettre ses pantalons sur le lit pour que ça soit fait. »

— Vous avez trop bien commencé pour ne pas continuer ; mais si vous trouvez avoir rempli votre devoir, employez un préservatif.

— Si j'avais voulu, il y a longtemps que j'aurais fait quelque chose ; on me conseilla des injections d'eau froide vinaigrée aussitôt après les rapports... ; une forte infusion de café noir, etc.

— Si ces moyens réussissaient toutes les fois qu'on les emploie, on ne verrait guère plus venir d'enfants au monde ; une fois fécondé, l'ovule rétrograde rapidement et le liquide injecté ne pénétrant pas toujours dans l'utérus, ne l'atteint plus.

Un jour, un monsieur me parla d'une dame du Locle, à qui un médecin, qu'elle ne voulut nommer, ordonna une poudre blanche à dissoudre dans l'eau pour faire des injections et son sang vint peu après.

C'était probablement du *sublimé corrosif*.

Une jeune fille me pria, à trois mois et demi de conception, de la délivrer ; je ne le voulus point ; son frère voulait la conduire à Genève, mais se ravisant, ce fut une commère de L... qui pratiqua l'avortement.

Une dame de Ch..., maladive, me pria de faire revenir ses époques, retardées de deux mois : « Je me serais bien adressée au docteur F.... mais il est trop brutal ; je sais qu'il a délivré plus de *deux cents femmes* ; une en est morte, et le docteur B..., appelé à constater le décès, ayant reconnu la cause, demanda qui avait soigné cette femme ? Quand il sut que c'était le docteur F..., il avait l'intention de porter une plainte, mais il n'y donna aucune suite, n'ayant pu recueillir des preuves suffisantes. Pourtant c'était un *philanthrope*, le docteur F..., qui ne se gênait pas de dire : « Il y a trop d'enfants à Ch...; il faut sauver les pauvres femmes. »

Une jeune fille de 17 ans se fit mettre dans une position intéressante par un jeune homme voulant se venger de la famille qui fut impatiente jusqu'à ce que sa fille fut délivrée. S'étant mariée, elle fut malheureuse, parce que son mari s'aperçut qu'il ne l'avait pas connue le premier; normalement, le premier rapport doit être douloureux pour la femme; cependant, si elle est large et que l'homme ait un organe assez peu développé, la première copulation pourra avoir lieu sans gêne, alors la femme pourra garder intacte la membrane hymen, qui se déchirera avec plus ou moins de douleurs si elle a des relations avec un homme muni d'un pénis plus volumineux, ou à la suite d'un premier accouchement.

Un jour, une belle femme me fit examiner une enfant malade, pour me parler d'elle-même : « J'ai un mari, me dit-elle, qui n'est pas comme les autres hommes; il peut rester un mois à côté de moi sans me rien dire, sans me faire une caresse; aussi, quand il me touche, avec une indifférence qui donne mal au cœur, je suis pincée tout de suite; il est froid comme la glace, mon mari, et moi qui suis vive, forte, vous comprenez ?... »

— Oui, Madame, je comprends que vos deux natures n'étaient pas faites pour se rencontrer.

Je lui donnai un conseil banal et, huit jours plus tard, je lui demandai comment elle allait ? « Très bien, me dit-elle, mais je ne me suis pas contentée de vos conseils, ils ne valaient rien pour moi ; j'ai fait venir une femme que l'on m'avait enseignée et qui va en secret chez les dames qui la demandent ; c'est une grande, laide ; elle m'a fait placer là, debout, contre la porte, et avec un instrument elle m'a percé intérieurement le ventre en me disant : « C'est dur, Ma-« dame, cette peau qu'il faut percer ! » Elle m'a demandé quarante francs et mon sang est revenu une demi-heure après. Quand elle a opéré, elle m'a fait bien mal. »

La sage-femme D..., à Chaux-de-Fonds, se livrait à la prostitution et à la délivrance de femmes et de filles ; elle eut beaucoup de pratiques jusqu'au jour où une plainte fit agir la justice ; cette praticienne n'étant plus en sûreté à la Chaux-de-Fonds, elle disparut subrepticement ; elle y revint pourtant pour se faire arrêter, au mois d'août 1897.

Cette correspondance d'une jeune fille prouve combien de personnes sont à plaindre et combien d'autres sont coupables. Ce cas donnerait gain de cause à la recherche de la paternité, si elle était possible, car des femmes, peu scrupuleuses, ne se gêneraient pas d'accuser un garçon étranger à l'œuvre consommée, aussi une loi ne doit-elle pas autoriser une pareille recherche, qui ferait des papas malgré eux ou par persuasion (1) : « Je suis dans une fâcheuse position depuis 4 mois et puisque vous déclarez qu'il est huma-

(1) L'auteur en a vu un cas remarquable dans un village du département du Doubs.

nitaire d'enseigner un moyen pour conjurer un malheur, c'est avec un dernier espoir que je vous écris.

« J'ai déjà correspondu avec Mme M.... de Nice, à Montreux, et cela dès les premiers jours que j'étais enceinte. Elle m'a offert un certain thé qui coûtait 20 francs l'once, qui, soi-disant, était la chose par excellence pour ramener les règles, et pendant près de trois mois, j'en ai pris sans succès. Au bout de ce temps, cette femme m'a tout simplement dit : « Qu'il « paraissait que le bon Dieu voulait que je garde cet « enfant et qu'il n'y avait plus rien à faire. » Pensez un peu comme cela m'a arrangée.

« Je suis domestique, pauvre, sans proches parents. Depuis cinq ans je suis en relations avec un jeune homme qui a toujours été poli, sans intentions coupables vis-à-vis de moi, sauf cette fois où le vin a joué le plus grand rôle.

« Pour des causes, trop longues à énumérer, ce mariage est impossible ; sa mère ne veut pas entendre parler d'une bru pauvre qui a le malheur d'aimer son fils. »

Je répondis à cette malheureuse que son cas ne permettait aucune intervention, qu'elle devait courageusement vivre en décidant son amant à la prendre pour femme, puisque lui seul l'avait connue.

Dans cette correspondance, on voit le rôle d'une femme qui fournit, moyennant 20 francs, des paquets d'herbes inactives, en donnant une laconique consolation à ses victimes.

En Suisse, dans les débats concernant l'avortement, les jurés condamnent les opérateurs et acquittent les victimes volontaires, criminelles agissant avec la plus froide préméditation. La femme D... poursuivie et condamnée, en décembre 1897, à 4 ans de réclusion, avait pour complices, vingt coaccusés, dont deux hommes, qui furent tous acquittés.

Les femmes et les filles acquittées étaient les plus coupables ayant subi des manœuvres qu'elles avaient sollicitées de la faiseuse d'anges. Ces acquittements sont les fruits d'un *esprit nouveau* qui excuse des créatures trop complaisantes et les hommes qui les perdent. Les juges qui jettent cette marchandise tarée sur le marché des fraudes sociales, démontrent leur méconnaissance du crime et qui sait si ces juges d'un jour n'auront pas des fils qui s'énamoureront de ces filles à qui ils offriront la main !

Partout, en Suisse, il y a des faiseuses d'anges. Un habitant de Grenchen me dit : que sa femme, *sans qu'il sache comment*, était enceinte ; elle a senti bouger l'enfant, ajouta-t-il, mais elle ne peut en avoir encore un à son âge et je voudrais avoir quelque chose pour faire avancer ça rapidement. » Ayant fait observer à ce solliciteur que ce n'était pas possible, qu'il ne s'agissait plus d'un simple retard, il me répliqua : que deux femmes avaient été délivrées par une femme L... *qui leur perça le ventre*, sans me dire, (ce que je savais pourtant), qu'il s'agissait de ses propres filles, ni que la seconde ne fut opérée que sur la menace d'une dénonciation ; la femme L..., alors prise de crainte ou de remords, ayant d'abord refusé d'intervenir.

— Pourquoi, lui dis-je, n'iriez-vous pas retrouver la femme L...? (1).

— Je ne sais plus son nouveau nom depuis qu'elle est mariée à un médecin de l'endroit.

A Genève des praticiennes bien connues opèrent jusqu'au septième mois, demandant cent francs par opération ; elles ne refusent leurs services à personne. A Vevey, un pharmacien fut compromis pour les mêmes complaisances.

Voici une lettre écrite en janvier 1902 : « Ma fiancée est enceinte de 4 mois et elle ne veut absolument pas d'enfant ; malgré tout ce que je puis lui dire sur les dangers d'une intervention, elle ne veut rien entendre ; elle se base sur le résultat qu'une de ses amies a obtenu en allant à Genève, chez une sage-femme qui, moyennant 50 francs l'a débarrassée de ce qui la gênait. » Genève, ville mômière par excellence, est le boudoir de l'avortement en Suisse.

Dans une autre lettre, ce client me dit : « qu'un docteur de Lausanne lui proposa de délivrer son amie, sans danger, pour 300 francs. » Cela prouve que l'on peut facilement trouver partout des opérateurs.

Un célèbre professeur, médecin légiste, à Lyon, fit, dans un de ses cours, ces stupéfiantes révélations :

---

(1) C'était la femme d'un docteur condamné au mois de juin 1900, à la Chaux-de-Fonds, où elle était sage-femme.

« Parmi mes confrères qui font leurs visites en voiture il y a beaucoup de criminels et pour *neuf mille naissances* on compte *onze mille avortements.* » Si on ajoute à ces chiffres, ceux des victimes de la tuberculose, de l'alcool et de la misère, on aura un total effrayant, représentant le tiers au moins de chaque génération qui va se développer dans le royaume des taupes. »

A une jeune mariée, craignant d'avoir trop tôt un enfant, je confirmai un commencement de grossesse; l'utérus fermé, légèrement proéminent, ne présentait rien de grave. Je donnai à cette dame des conseils qu'elle ne suivit pas; mais elle s'adressa au docteur F..., qui provoqua l'avortement à quatre mois et demi; le fœtus indiquait qu'il était constitué pour arriver à terme dans les meilleures conditions; mort la veille de son expulsion, notre chirurgien fit un certificat, déclarant que ce fœtus était né viable. Cette fausse déclaration ne peut s'expliquer que par une *erreur* volontaire. Le mari m'exprima ses regrets tardifs.

Une femme primipare, forte, bien constituée, n'ayant aucun motif de provoquer un avortement, appela un médecin qui tamponna le col de l'utérus, elle obtint dès le troisième jour le résultat cherché; c'était un beau fœtus de cinq mois dont il s'empara sans le montrer à la mère. Le père, qui me raconta ce fait, me dit : « Diable m'emporte, ça m'a fiché malheur tout de même, quand j'ai vu ce gosse; si j'avais su j'aurais laissé aller les affaires! »

En avril 1905, une sage-femme fut condamnée à

Neuchâtel pour manœuvres abortives qu'elle pratiquait depuis plus de 15 ans, débarrassant des centaines de complices que les juges ont le plus grand tort de ne pas punir, car cette impunité les pousse à recommencer ce qui n'arriverait pas si elles suivaient le même chemin que les opérateurs. Plus de dix mille avortements se font annuellement en Suisse.

Une jeune femme mariée, de L..., vint, accompagnée d'un jeune homme, me dire : « Qu'elle n'avait pas revu ses époques depuis deux mois ; que son mari, malade de la poitrine, ne la voyait plus, qu'elle s'était attachée à ce garçon et que son mari ne soupçonnait rien. »

— Comment se fait-il, lui dis-je, que votre mari n'ait pas remarqué, chaque mois, que vous n'étiez plus indisposée ?

— Il ne pouvait s'en douter parce qu'au moment de mes époques je portais du linge taché.

— Oui, mais gare quand il découvrira la fraude, car je ne puis rien faire pour vous.

J'ignore quel a été le résultat final de cette comédie.

Lignes détachées d'une lettre reçue au mois de mars 1889, d'une jeune fille du canton de Vaud :

« J'ai fait une grande faute, j'ai un amant, et je me suis donnée à lui, voilà 8 mois. J'ai 19 ans et suis complètement seule au monde, à la tête d'un grand commerce...

J'ai une peur horrible d'avoir un enfant, car je suis

considérée *comme très sage ici*, où j'ai repoussé plusieurs mariages..., etc. »

Tout cela est édifiant et prouve combien la vertu est compromise ; mais tous ces subterfuges, toutes ces trahisons sont inspirés par la coquetterie et le besoin d'illusionner des intéressés.

Dans tous les temps la femme s'est appliquée à faire ressortir ses charmes et à cacher ses défauts.

Ovide (1), qui donnait à son sexe les moyens de tromper facilement les maris possédant de jolies femmes aussi bien gardées qu'on puisse les supposer, était un fin observateur, il le prouve lorsqu'il dit dans *Le Remède d'amour :* « Savez-vous ce qui s'oppose le plus au succès de nos efforts ? Le voici : chacun peut là-dessus consulter sa conscience. Nous cessons trop tard d'aimer, parce que nous nous flattons toujours qu'on nous aime encore... Ne croyez donc pas aux serments, ils sont trompeurs ! le nom même des dieux immortels ne peut donner aucun poids au parjure. » Ovide, à la recherche de nouvelles beautés, de nouveaux plaisirs, donne aux femmes mille conseils pour se rendre agréables, belles, irrésistibles par la parure et la façon de faire ressortir leurs charmes tentateurs ; il indique des formules propres à entretenir la fraîcheur de la première jeunesse, à effacer les rides et à donner à la peau la blancheur de Vénus.

Contre la chute des cheveux, voici une formule qui réussit très bien :

(1) *L'art d'aimer*, IIIe livre.

| | |
|---|---|
| Huile de ricin.................. | 100 gr. |
| Teinture de Jaborandi........ | 25 gr. |
| Essence de violette.......... | 2 gr. |

Cette préparation fortifie la racine des cheveux dont le développement est bientôt luxuriant ; une friction énergique tous les matins sur la racine des cheveux, après avoir bien agité le flacon, en assure le succès.

La femme, jalouse de sa beauté, s'efforce de la conserver le plus tard possible et quand elle ne peut plus éviter les désagréments dûs à l'âge ou aux excès, elle y remédie artificiellement, mais leur beauté factice est un miroir trompeur qui ne fascine que des fous. Les taches de rousseur disparaîtront en les badigeonnant, matin et soir, avec la préparation suivante :

| | |
|---|---|
| Chlorydrate d'ammoniaque........ | 4 gr. |
| Acide chlorhydrique médical dilué. | 4 gr. |
| Glycérine neutre................ | 80 gr. |
| Lait virginal (1) ................ | 70 gr. |

Les taches résultant de la syphilis disparaissent rapidement en les touchant avec une solution concentrée d'acide trichloracétique. d'après Lanz, de Moscou.

Voici la formule d'un parfum exquis appelé *lait de rose virginal* ; vanté depuis tantôt deux siècles, il donne à la peau la fraîcheur et le velouté de la jeunesse, tout en raffermissant les chairs ; les dames qui feront cette préparation facile, en obtiendront les meilleurs effets.

(1) Ce lait est composé de Teinture de benjoin, 10 gr., Eau de roses, 40 grammes.

Prendre 40 grammes d'amandes douces et 10 grammes d'amandes amères, verser dessus de l'eau chaude pour les émonder ; les laver à l'eau froide, les égoutter, puis les piler dans un mortier en marbre ou de porcelaine en ajoutant, par petites quantités, 50 grammes d'eau double de roses jusqu'à ce que les amandes soient réduites en pâte très fine. Faire fondre au bain-marie *sperma ceti* et savon blanc, de chaque, 5 gr. que l'on mêle peu à peu à la pâte d'amandes en tournant le pilon pendant cinq minutes au moins ; ajouter à ce mélange 200 gr. d'eau double de roses, 60 gr. d'alcool (esprit) de roses, 10 gouttes de teinture de musc et 1 gr. de teinture de benjoin ; avec le pilon bien mélanger le tout, passer la préparation à travers un linge fin, mettre en petits flacons ; ce lait se conserve indéfiniment ; 20 gouttes dans un verre d'eau suffisent pour faire l'eau de toilette la plus désirable.

Depuis Ovide, l'art s'est perfectionné, de la correction des défauts on est arrivé *à refaire une virginité*.

Certains grimoires indiquent l'usage de cheveux et du sang pour se faire aimer de l'être que l'on désire, ce qui est absurde.

Beaucoup d'hommes s'imaginent posséder des vierges et sont simplement trompés, leur ignorance fait leur bonheur !

Une vierge n'est pas seulement une fille qui n'a jamais connu l'homme avant le mariage ; c'est ce que les Indous appellent, dans leur langue primitive, si belle et si pure, *une fille au corps immaculé*, dont le corps n'a jamais été profané par une main étrangère.

Les vierges sont plus rares dans les campagnes que dans les villes où des filles de tout âge se livrent facilement à la débauche et où beaucoup de familles exercent une sage surveillance sur les jeunes filles plus ou moins exposées aux entreprises de jouisseurs plus ou moins expérimentés.

Dans les campagnes, la liberté laissée aux filles est si grande qu'à 15 ans il serait difficile de trouver 5 vierges sur 100 ; à 18 ans, il n'y en a plus que 4 ou 5 sur 1.000 ; la principale cause est la vue fréquente de l'accouplement des animaux ; les jeunes gens, dans les campagnes, font le mariage à l'essai ; beaucoup ne voudraient pas se marier avec une fille qui ne se serait point laissé faire avant ; « il faut bien se connaître » disent-ils ; jeunes gens et jeunes filles vivent maritalement jusqu'au jour où l'un, croyant avoir motif à se plaindre de l'autre, chacun reprend sa liberté pour faire de nouveaux essais généralement suivis de nouveaux abandons ; il arrive alors que des garçons se marient après avoir connu une demi-douzaine de filles et *vice-versa* ; quand à ces dernières elles n'ont aucun scrupule, lorsqu'elles se marient, de porter robe blanche et fleurs d'oranger. « Ce qu'on a fait avant, disent-elles, on n'en parle pas, ça ne regarde personne. » Il n'est pas rare de voir deux sœurs s'accoucher à quelques jours d'intervalle, avant ou après le mariage.

Si, dans les campagnes, des filles de tout âge laissaient arriver à terme le fruit qu'elles ont consenti à former, on verrait courir les enfants, comme dans une garenne on voit courir les lapins.

Des femmes curieuses à étudier sont les demi-vierges si bien dépeintes par Marcel Prévost; ces jouisseuses se laissent toucher toutes les parties du corps, aucune n'échappe aux attouchements des passionnels ; seule la consommation de l'acte vénérien ne se fait pas, de sorte que ces femmes, entre les bras de jeunes ou de vieux dépravés, en sortent enivrées de jouissances en restant vierges quand même ; elles ne donnent à leurs époux qu'un seul organe incomplètement défloré et s'imaginent avoir fait un grand sacrifice de convenance quand le mari aura la certitude d'avoir épousé une *vierge !* Ces femmes-là sont très communes ; elles se laissent caresser, semblent même prendre un grande plaisir à énerver l'homme pour le vaincre par un simulacre de combat ; car s'il veut accomplir le dernier sacrifice, il s'entend dire : *Non, mon chéri, pas ça !*

A ce jeu-là l'homme le plus fort épuise toute son énergie et il éteint rapidement ses facultés.

Les fausses vierges, qui ont tout perdu depuis longtemps, sont encore plus communes ; mariées, elles sont plus austères que les vierges parce qu'elles en savent trop et ont besoin de se dissimuler pour cacher aux autres ce qu'elles sont.

Un mot risqué, une parole à double sens, qui ne feraient jamais rougir une fille innocente, les effarouchent au point de les rendre insolentes ; elles voudraient faire croire à leur vertu quand elles n'ont que du vice. Il faut retenir qu'une fille qui rougit de beaucoup de choses, en sait trop.

Des jeunes filles aisées ou riches ont secrètement pour amant un garçon, ouvrier, commis, qu'elles aiment par caprice, mais non pour en faire un mari. Une mésaillance, y pensez-vous ! La richesse veut bien condescendre à subir les caresses d'un jeune et beau mâle pauvre, mais quant à s'unir à lui, c'est une autre affaire ; elle méprise trop la pauvreté. De ces relations il résulte pourtant des fécondations assez fréquentes et quand on ne parvient pas à les détruire par des breuvages ou autres procédés, ou envoie les imprudentes passer à Paris, en Alsace, en Suisse, etc. le temps nécessaire pour qu'on ne s'aperçoive pas, à leur départ ni à leur arrivée, de l'accident. Tandis qu'une pauvre fille trompée ne peut cacher à personne sa honte et sa misère, la riche bourgeoise trompe tout le monde ; c'est la bourgeoisie et la noblesse qui fournissent le plus grand contingent de fausses vierges ; l'honneur et l'argent vont rarement de compagnie, j'en sais long là-dessus, grâce à de nombreuses révélations.

Des femmes et des prostituées se raccommodent une virginité comme des hommes usés ou vieillis se

---

(1) Des femmes debauchées, rarement il est vrai, ont toutes les apparences de la virginité, grâce à un état particulier de la membrane hymen qui se dilate sans se déchirer.

refont une jeunesse. Les moyens seuls diffèrent ; ceux-ci emploient le phosphore, la cantharide et le haschis (extrait du chanvre indien) ; la vanille et la truffe passent aussi pour excitantes (1).

La cantharride, employée sous forme de pastilles, fait généralement les frais de l'excitation génitale ; seule ou mêlée à diverses plantes et résines aromatiques, on en fait un grand usage en Orient, principalement dans les sérails où des femmes passionnées sont obligées, en attendant les capricieuses attentions d'un sultan blasé, de rechercher dans les fraudes génésiques des moyens énervants.

Les Grecques et les Romaines, épouses ou maîtresses, savaient préparer des filtres pour retenir un époux ou un amant trop volages, en réveillant leurs forces épuisées. On prétend que Lucrèce se tua, encore jeune, dégoûté de la vie, mais des historiens affirment qu'il mourut fou d'avoir absorbé une infusion que sa femme lui aurait fait prendre dans l'intention de se l'attirer davantage, en provoquant une volupté trop languissante. Dans le breuvage qu'il absorba, il y avait peut-être de l'ellébore, de l'aconit, de l'ambre gris et du sang menstruel ; car la croyance, accréditée encore de nos jours, était que l'on pouvait s'attacher éperdument un homme après lui avoir fait prendre quelques gouttes de sang menstruel.

Si la jalouse Lucilia, en voulant conserver Lucrèce, le tua, c'est que probablement elle se trompa de breuvage ou lui en administra une trop grande quantité.

La cantharide est employée pour réveiller chez

l'homme les attributs de Priape ; des personnes âgées, n'ayant que des désirs impuissants, usent de ce subterfuge.

Près de Genève, un docteur, à 82 ans, avait des relations avec une sage-femme et elle m'avoua qu'il s'en tirait mieux qu'un homme de trente ans ; il entretenait encore, chez lui, deux jeunes filles. Lui ayant demandé comment il s'arrangeait, il me répondit, d'un air moitié sérieux, moitié moqueur : « Mon cher, c'est bien simple, je prends quelques pastilles à base de cantharide. »

— Mais, répliquai-je, c'est très dangereux.

— Non, quand on sait l'employer avec prudence.

Si des hommes corrigent leur sénilité, des femmes cherchent aussi à effacer les traces d'une défloration prématurée.

Les recettes virginales ne sont pas rares et dans l'antiquité elles étaient en vogue. Les Hébreux, les Grecs et les Romains attachaient une grande importance à la virginité de la femme. Moïse condamnait à mort la femme surprise se prostituant ou convaincue d'adultère ; le premier rapport devait toujours être sanglant, mais il y avait de nombreuses exceptions à cette règle et des femmes pouvaient être vierges sans que le premier sacrifice fût suivi d'une perte de sang ; aussi beaucoup de fiancées, pour éviter des surprises désagréables, avaient-elles la sage précaution d'ensanglanter leur linge la veille ou le jour même du mariage. Ces pratiques se sont perpétuées jusqu'à notre époque et elles dureront tant qu'il y aura sur terre une femme ayant intérêt à faire croire à un homme qu'elle était vierge avant d'être touchée par lui.

Dans les Indes (1), lorsqu'une jeune fille est fiancée et qu'un étranger se trouve dans la contrée, elle lui est offerte pour passer une nuit dans ses bras ; s'il refuse cet honneur, fait assez improbable, elle est répudiée de sa caste et déshonorée à jamais comme entachée d'éléphantiasis (maladie redoutable, très contagieuse). Si l'étranger a accepté cette faveur, le lendemain matin elle doit montrer au peuple assemblé son pagne taché de sang, preuve évidente qu'elle était pure et digne de l'époux choisi (2).

Les formules virginales sont à base de substances astringentes ; le tanin, l'alun, le citron, le lait d'iris et le benjoin en sont les principaux éléments ; mais leur abus enlève aux organes de leur sensibilité.

La célèbre Poppée, favorite, puis femme de Néron, pour paraître toujours vierge se lavait avec de l'eau blanchie par le benjoin ; les parties ainsi lavées et séchées étaient saupoudrées avec de la fécule d'amidon,

Une virginité perdue ne se retrouve plus, malgré toutes les tentatives pour la réparer ; on peut produire une illusion et voilà tout.

Beaucoup de filles, par l'emploi des astringents, trouvent une réhabilitation imméritée dans le mariage, en couvrant tout d'une chemise tachée de sang.

---

(1) Lire : *Le Kama Soutra ou Règles de l'Amour dans l'Inde*, par Lameresse, Prix, 9 francs.
(2) Lire : *Au Pays des Bayadères*, par L. Jaccoliot.

## CHAPITRE III

### Amour, Dépravation (1), Prostitution.

> Deux démons à leur gré partagent notre vie,
> Et de son patrimoine ont chassé la raison ;
> Je ne vois point de cœur qui ne leur sacrifie,
> Si vous me demandez leur état et leur nom
> J'appelle l'un Amour ; et l'autre, Ambition.
> La Fontaine.

L'*amour sera un tyran* tant que deux êtres s'en disputeront les faveurs.

Le père Joly (ces gens-là s'y connaissent mieux que les autres) a dit : « Avec la femme, le plus sage devient fou. »

Toussenel, plus poétique, a dit : « L'amour est la passion des grands cœurs » ; ce qui est réel quand la bête se laisse guider par la raison.

L'*amour*, dit un charmant opéra, est *un oiseau rebel qui n'a jamais connu de loi*. En effet, l'amour se moque des lois religieuses et des conventions sociales ; il n'admet ni forme étudiée ni violence ; il veut être libre et si on le menace de chaînes, il viole la consigne

---

(1) Lire l'*Amour* : 2 fr.

et s'esquive pour éviter les importuns et les gêneurs. Les anciens l'avaient en si haute estime qu'ils lui élevèrent partout des autels.

L'amour est le seul bonheur qu'on ne puisse ravir aux pauvres gens.

L'amour lie à jamais les âmes aimantes, mais ceux qui le comprennent ainsi, goûtant le vrai bonheur, sont assez rares.

Le véritable amour doit s'entendre des douces étreintes qui provoquent la communion des âmes ; beaucoup le touchent, bien peu le goûtent.

Lamartine en exprimant, dans *Graziella,* cette pensée : « La vanité est le plus cruel des vices, car elle fait rougir du bonheur, » dépeignait en peu de mots l'esprit du siècle qui sacrifie l'amour à des préjugés et à des conventions absurdes, admettant la possession passagère, mais non définitive, d'une jeunesse belle et pauvre. La vanité se plait à semer dans les âmes chastes la déception et le remords de l'abandon, après des promesses mensongères. Lamartine sentit les cruelles morsures de la vanité et ce fut pour n'avoir pas compris l'amour d'une jeune fille qu'il fut malheureux toute sa vie.

Le plaisir que font naître les rapprochements sexuels n'est que de l'amour charnel dont les écarts constituent la dépravation simple, masculine et féminine. La première, exploitée par les libertins dans le mariage, est particulièrement avantageuse aux fripons, aux astucieux et aux séducteurs dont les artifices sont connus. La dépravation féminine est favorable aux libertines, aux rusées qui cachent tous les vices sous des apparences vertueuses. Ne voit-on pas des débauchés donner leurs noms et leur fortune à des prostituées !

Concernant les dépravations spéculatives ou collectives (si communes), j'en citerai cet exemple : Une jeune femme de 21 ans, âge qui n'est pas celui de l'abstinence sexuelle, mariée à un sexagénaire impuissant, me pria de lui envoyer ma formule contre la fécondation (Voir : *Aménorrhée*, chap. V), *pour n'avoir pas d'enfant avec l'amant qu'elle avait pris, ce qui briserait sa vie* (sic).

Je ne comprendrai jamais qu'une jeune femme sacrifiât son amour et sa liberté dans les bras de la sénilité ; qu'un corps frais, ferme et rose pût être une seconde en contact avec un corps usé, ratatiné, flasque, couleur de cire ; qu'un corps, épanoui pour éprouver et rendre du plaisir, s'abandonnât aux assauts maladroits de l'impuissance qui échoue piteusement, se contentant de caresses froides et insipides. L'amour est le seul bienfait de la vie qui, sans lui, n'a ni but ni charme et on le méprise jusqu'à le trahir ; c'est abominable ! La fable nous apprend *que les dieux condamnèrent la Folie à servir de guide à l'Amour.*

La dépravation collusoire est la secrète connivence d'amants ou d'époux pour exploiter des étrangers.

La dépravation conflictive protège l'adultère que la loi punit, mais plus un homme fait de conquêtes et trompe de femmes, plus il est acclamé et si un mari élève un enfant, on dit que péché caché est à demi pardonné, devise chère à tous les dépravés.

Enfin, la dépravation répercutée, née de l'expérience quand on est tombé dans un piège tendu par la ruse, le vice ou l'intérêt, a pour effet la vengeance familiale et amoureuse. Cette maxime : *Il faut que je nourrisse ma famille*, permettra toujours des fraudes de tous genres. Celui qui prend à son voisin quelques pouces de terrain, le commerçant qui altère ses marchandises, le spéculateur qui fait de la fausse monnaie, le soldat qui trahit, la femme qui vend ses charmes, sont des types communs et tranquilles ; chacun se trouve honnête, ces fourberies et ces vols ayant pour but le *bien-être de la famille*. Trompeurs et trompés paraissent satisfaits, les uns vivant sans inquiétude, les autres continuant à faire le bonheur des dupeurs.

L'égoïsme et l'intérêt sont quelquefois bien coupables. Une jeune femme de Lausanne, mariée depuis un an, me pria de lui faire revenir ses époques, en retard de quelques jours, *parce que son mari et elle, fidèles adeptes de la bicyclette,* **avaient** *le plus grand bonheur de filer ensemble sur la route gelée ou les sentiers fleuris. Je veux bien avoir* **un bébé** *mais pas encore*, etc. » Naturellement, je n'ai pas répondu à cette solliciteuse et c'est, je crois, ce qu'il y avait de mieux à faire.

Dans le grand monde, le mariage est généralement une spéculation politique ou commerciale ; la femme est un meuble de salon vendu à un riche original qui montrera sa précieuse marchandise à ses amis. Madame, tout en évitant d'être mère, devient une pièce d'exposition ; Monsieur, de son côté, tenant à mettre sa liberté à l'abri du vent, fait chambre à part et l'épouse en fait autant. Si l'époux a une jolie bonne, elle partagera facilement sa couche, et la femme se doutant de la comédie, fera des gentillesses à un beau laquais. De là, le point de départ de plus d'un drame et il en sera ainsi tant que le mariage sera un marché au lieu d'être un contrat signé par un amour sincère. Les cours d'Autriche et de Saxe n'ont-elles pas donné le spectacle de scandales matrimoniaux, d'unions contraintes ou malheureuses entre archiducs, archiduchesses et princesses, les uns préférant la liberté à l'hypocrisie de la cour, les autres s'esquivant pour éviter d'être enfermées à perpétuité comme folles C'est le cas de rappeler ces vers de Thomas :

> Croit-on que le bonheur habite les palais,
> Soit traîné sur un char ou porté sous le dais ?
> Ces biens, ces dignités et ces superbes tables
> Ne font que trop souvent d'illustres misérables ;
> Le germe des douleurs infecte leurs repas
> Et dans des coupes d'or ils boivent le trépas.

Beaucoup de gens, dont on envie le sort, ne sont qu'à plaindre ; sous des apparences trompeuses ils sont en guerre continuelle d'intérêt, l'un faisant remarquer à l'autre sa médiocrité ou l'origine d'un peu de fortune. Si l'argent est l'auxiliaire du bien-être, il est un facteur de discorde, de bassesse et d'esclavage, surtout en mariage où l'amour est souvent banni des cœurs. Souvenons-nous toujours de ces vers de Boileau :

> L'argent, l'argent, sans lui tout est stérile ;
> La vertu sans argent n'est qu'un meuble inutile ;
> L'argent en honnête homme érige un scélérat ;
> L'argent seul au palais peut faire un magistrat.

Si la réflexion inspirait ceux qui aspirent au mariage, il y aurait moins de malheureux ; mais des gens ont le diable au corps pour s'unir sans se connaître. Quand, en chimie, on veut unir deux corps inconnus, il se produit fréquemment une vive réaction qui fait sauter le tout au nez de l'opérateur et en mariage ça ne saute aux yeux que trop tard, hélas !

Pourtant il y en a qui n'acceptent pas tout ce que l'on voudrait leur donner. Un exemple en a été fourni par le célèbre chirurgien Jobert de Lamballe qui, ambitieux, avait rêvé la possession d'une femme noble, riche et belle par dessus le marché ; son rêve se réalisa pourtant, malgré tant de rares avantages à la fois, mais le soir même de son mariage il s'aperçut que cette gracieuse compagne portait un cadeau de noce assez avancé, qui n'avait pas été stipulé dans le contrat ; frappé d'un si phénoménal toupet de rouler un grand opérateur, notre chirurgien, sans perdre de temps, passa dans une chambre où il rédigea un petit billet qu'il mit sous enveloppe et fit remettre à sa femme en la priant de le porter immédiatement à sa mère et de ne plus remettre les pieds chez lui : ce billet était court et édifiant ; il disait : « Madame, je vous renvoie sa vache et son veau... ! ». Combien d'époux, s'ils en avaient la connaissance ou le courage, pourraient en faire autant !

Des femmes se livrent à un homme riche ou puissant pour gagner sa protection ou profiter de ses largesses ; à un prêtre pour jouir de sa charité, assurées qu'elles sont de sa discrétion ; à un magistrat pour avoir sa clémence ; à un soldat pour le prestige de l'uniforme ; à un médecin ou à un pharmacien par reconnaissance ; à un garçon pour lui prendre ce qu'il ne pourra donner à aucune autre femme ; enfin, elles recherchent les faveurs des hommes qui paraissent le plus susceptibles de leur faire éprouver des sensations voluptueuses ; mais il ne faut pas oublier ces vers de Piron, dans ses poésies badines :

> Si l'amour, selon nos désirs,
> Nous procure quelques plaisirs,
> Un chagrin les balance au double.
> Et puis sont-ils jamais complets ?
> Délicat, toujours on les trouble ;
> Brutal, on les goûte imparfaits.

Si des femmes éprouvent des plaisirs ou des peines pour la moindre cause, d'autres, insensibles, indifférentes, n'éprouvent aucune affection ; l'amitié ne leur offre aucun attrait ; elles ne méritent aucun témoignage d'affection.

On consolera les femmes douées d'une grande sensibilité, se plaignant, même sans raison, d'être malheureuses.

La femme qui trouve que son mari ne travaille jamais assez, ne vivant que pour satisfaire ses capricieuses fantaisies, se souciant peu de la santé des autres et de la prospérité de la maison, est une femme égoïste qui n'aime qu'elle-même ; elle fait toujours le malheur des siens. Incapable d'amitié et d'élever convenablement ses enfants, la maternité l'ennuie ; elle n'est bonne à rien.

Une femme amoureuse d'un seul homme est une divine créature ; l'indifférence est bannie de son cœur, elle ne fait jamais lit à part et ne se plaît que près du bien-aimé dont elle ranime le courage abattu de son souffle divin. Elle est la source inépuisable du plaisir et du bonheur. Toute femme qui n'est pas ainsi est indigne du mariage.

Quelle somme de jouissance, demande-t-on, peut éprouver l'homme le mieux favorisé ? En fixant la durée extrême de chaque jouissance à deux minutes, nous en trouvons 30 par heure, 720 par jour, 7.200 en 10 jours et 72.000 au centième jour, c'est-à-dire en 3 mois et 10 jours ; or, en admettant les aptitudes de l'homme de 14 à 70 ans, ce qui est plus que suffisant, il en résulte que pas un homme ne peut éprouver 3 mois ni même un mois et demi de jouissances, et c'est pour si peu de temps de plaisir qu'il s'expose à perdre sa tranquilité, sa santé, son bonheur et sa réputation ; en vérité, ça n'en vaut guère la peine, surtout quand on compare à ce temps celui des soucis, des peines et des maldies qui en résultent et dont on souffre durant toute l'existence.

A beaucoup d'égards, la femme mérite la protection que lui doit l'homme ; elle a tant à souffrir et son cœur est si sensible qu'elle doit compter sur une vive amitié. « La femme, a dit un savant, fait entrer l'homme en enfer par la porte du paradis », donnant à entendre que le mariage est un mélange de plaisir et de souffrance, de bonheur et de trouble, de joie et de tristesse, de paix et de guerre, ce qui est indéniable.

L'homme qui, selon le vœu de la nature, veut unir sa vie à une compagne, doit réfléchir à l'importance de cette union de laquelle dépendra son bonheur. Si la femme qu'il désire dépense trop de temps à sa toilette, si la coquetterie lui fait négliger les soins du ménage, si elle est orgueilleuse et rougit de plaisir à la voix qui loue ses charmes, si elle rit avec excès et ne demeure point en sa demeure, préférant les commérages à la vie paisible de la famille, si elle regarde effrontément les hommes, si la simplicité, la douceur, la tempérance et la décence sont bannies de son cœur, quand elle serait couverte de pourpre et d'or, quand des diamants tomberaient de sa chevelure, il faut la fuir et la redouter comme un fruit aux merveilleuses couleurs, aux parfums les plus exquis, qui recèlerait un poison subtil. Des qualités de la femme dépendent l'honneur du mari et le bonheur de la famille.

On a dit beaucoup de mal de la femme, ce qui ne l'empêche pas d'être une divine créature. La femme doit son état d'infériorité sociale au clergé romain qui la taxe d'*être dégradé, inférieur et impur.*

Un confesseur a dit : « La coquetterie perd plus de femmes que l'amour », ce qui est surtout vrai pour les classes les moins fortunées où la privation du nécessaire engendre des anémiques et des névrosées dont le rôle, dans la vie, sera nul ou dangereux.

Le docteur Coullery (1) recommande de ne toucher une femme que pour la rendre mère, négligeant la question de *besoin naturel*. Un homme ne devrait avoir d'enfants qu'autant qu'il en peut nourrir ou élever convenablement, car mettre au monde des sujets pour vivre dans la misère et la souffrance n'est pas plus naturel que moral. Aucun homme ne doit jeter à la surface du globe des esclaves du malheur.

Aux riches, qui peuvent dépenser sans calculer, je dirai : Semez sans compter des têtes brunes et blondes, c'est votre devoir ; mais aux pauvres je dirai aussi : Agissez avec plus de réserve tant que l'Etat imprévoyant ne vous viendra pas en aide, et surtout ne comptez pas sur cette banale promesse : *Dieu bénira les grandes familles.*

Vous pourrez prier Dieu, supplier les humains,
Vous vivrez du travail façonné de vos mains.
La règle de nos jours, dictée par l'égoïsme,
Nous dit : Chacun pour soi, Dieu pour tous ! Illogisme !
Si l'Etat social est fait de tels non-sens.
Modérez vos transports, prouvez votre bon sens.

La femme entreprend souvent une tâche au-dessus de ses forces en devenant mère ; elle est si faible, si épuisée qu'elle ne peut allaiter son enfant et quelquefois le désespoir la porte à terminer tragiquement une

(1) Les *Mystères de la Génération,* par le docteur P. Coullery.

existence mal commencée. Si la femme, comme les filles des temps primitifs, avait de puissantes mamelles gonflées d'un lait pur et vivifiant que ne pourraient tarir des enfants déjà forts en naissant, ce serait une autre affaire ; mais la femme, loin d'être ainsi, a une constitution délicate qu'il faut ménager. Dans les villes, beaucoup de femmes n'allaitent pas un, deux, trois, quatre mois au plus, sans se plaindre de vertiges, de faiblesses, de douleurs, ce qui les oblige à cesser un soin naturel qui les épuise au point de compromettre leur existence.

L'homme doit ménager, soutenir, encourager sa compagne, lui éviter les peines, comprendre les aspirations de son cœur, la chérir et la soigner comme un jardinier jaloux soigne une fleur précieuse ; je parle bien entendu des femmes qui méritent tout cela, car si des femmes sont aimantes, d'autres sont apathiques ; il y en a même qui voient dans la correction une preuve d'amour ; en Russie, l'habitude est de suspendre un fouet au lit conjugal. Si l'homme est souvent trompé ou peu aimé, c'est qu'il ne sait pas s'attacher la femme, plus sensible et, ordinairement, plus nerveuse que lui.

La femme ne doit jamais repousser le mari que la passion pousse à assouvir un besoin ou *plaisir* charnel, c'est l'avis judicieux de Mme de Gasparin, et s'il est difficile d'imposer une règle à cette fonction, il faut retenir que des tempéraments éprouvent des désirs plus fréquents que d'autres, et qu'en refusant de les satisfaire l'homme surtout s'exposerait à la *cocu-*

*larité*, à moins qu'une rare vertu retint la femme, ce qui est un escompte redoutable.

Il faut éviter les rapports sexuels pendant les époques menstruelles, car j'ai vu, et beaucoup de praticiens avant moi, des enfants, procréés dans ces conditions, naître infirmes ou vivre misérablement quelques années. La copulation pendant les règles peut causer des écoulements et engendrer des rachitiques.

Moïse défendit aux femmes d'habiter avec leurs maris pendant leurs *règles*, déclarant impurs les objets qu'elles touchaient. C'était une règle d'hygiène sérieuse pour prévenir de fâcheuses fécondations et des contagions comme les écoulements.

Voici ce que dit le chapitre XV du Lévitique :

« L'Eternel parla aussi à Moïse et à Aaron, en disant :

« Parlez aux enfants d'Israël, et leur dites : Tout homme à qui la chair découle, sera souillé à cause de son flux (1).

« Et telle sera la souillure de son flux ; quand sa chair laissera aller son flux, ou que sa chair retiendra son flux, c'est sa souillure.

« Tout lit sur lequel aura couché celui qui découle sera souillé et toute chose sur laquelle il sera assis sera souillée.

« Quiconque aussi *touchera* son lit lavera ses vê-

---

(1) Il ne pouvait s'agir que de la *spermatorrhée*, de la *blennorragie* ou de la *blennorrhée*.

tements, et se lavera avec de l'eau, et il sera souillé jusqu'au soir.

« Et qui s'asseyera sur quelque chose sur laquelle celui qui découle se soit assis, lavera ses vêtements, et se lavera dans l'eau ; et il sera souillé jusqu'au soir, etc...

« Et quand la femme sera découlante, ayant son flux de sang en sa chair, elle sera séparée sept jours et quiconque la touchera sera souillé jusqu'au soir.

« Toute chose sur laquelle elle aura couché durant sa séparation, sera souillée ; toute chose aussi sur laquelle elle aura été assise sera souillée.

« Même si la chose *que quelqu'un aura touchée était* sur le lit, ou sur quelque chose sur laquelle elle était assise, quand quelqu'un aura touché cette chose-là ; il sera souillé jusqu'au soir.

« Et si quelqu'un a habité avec elle tellement que ses fleurs soient sur lui, il sera souillé sept jours ; et toute couche sur laquelle il dormira sera souillée.

« Quand aussi la femme découle par flux de son sang plusieurs jours, sans que ce soit le temps de ses mois ; ou quand elle découlera plus longtemps que le temps de ses mois, tout le temps du flux de sa souillure, elle sera souillée comme au temps de sa séparation, etc... »

La sévérité de la Bible est excessive par le fait que beaucoup d'hommes et de femmes devaient transgresser cette loi. En supposant que des femmes aient leurs époques durant 4 jours, — il y en a qui les voient durant 6, 7 et même 8 jours, — si on ajoute 7 jours pour la purification, cela en donne onze de privation que certains tempéraments n'accepteraient pas. Les femmes qui ont des pertes blanches seraient condamnées à l'abstinence pendant plusieurs mois et même plusieurs années et avec cette application biblique, 90 femmes sur 100 seraient frappées d'une privation qui les feraient chercher ailleurs ; quant à celles qui voient leur sang tous les quinze jours, elles ne pourraient jamais satisfaire leurs désirs. (Voir : *Métrorragie*, chap. V.)

## De la Prostitution (1).

Si *la prostitution est un mal nécessaire*, loin d'être un danger, elle devient, sagement réglementée, un remède à beaucoup de maux. Parmi ceux qui ont critiqué les prostituées, les uns voient, dans ces malheureuses, d'abjectes créatures esclaves de la dépravation ; d'autres les considèrent comme des victimes tombées dans l'abîme à la suite de pièges perfides.

Cette opinion de M. Barbé est la plus juste :

« La principale cause qui jette les malheureuses filles dans l'abîme de la prostitution, c'est la séduction. La séduction a pour effet immédiat le déshonneur, l'abandon et la misère. Presque toutes les pauvres filles d'amour ont une histoire à raconter : un jeune homme riche, un patron, un maître, ont fait briller à

---

(1) Lire : *La Prostitution à travers les âges*, par le D<sup>r</sup> Debray. *La Prostitution contemporaine*, par Léo Taxil. Ces deux ouvrages sont curieusement illustrés.

leurs yeux l'éclat séduisant des promesses. Elles ont succombé, puis est venu l'abandon. Un séducteur pauvre s'est ensuite présenté et il a été accepté avec quelque difficulté ; nouvel abandon, nouveau consolateur. L'amour s'est changé en vice, la honte est à peu près bannie ; on a plusieurs amants à la fois.

« De ce point à la maison de tolérance, il n'y a qu'un pas ; un moment de détresse le fait faire et ce pas est le dernier dans le gouffre. Quand la femme est arrivée là, elle se présente à nous sous un aspect affreux ; ce n'est plus une femme, car elle a perdu toute chasteté et toute retenue ; c'est un monstre aux paroles impudiques et provoquantes, qu'un satyre entendrait à peine sans rougir. Pourtant le philosophe ne peut que s'indigner de ce mépris du public pour une monstruosité, une abomination qui est son propre ouvrage. N'est-il pas évident que la cause première de tant d'infamie est le misérable qui a dépensé pour la séduire plus d'or peut-être qu'il n'en eût fallu pour doter la pauvre fille, et qui l'a ensuite laissée en proie à un déshonneur qui était son œuvre ? N'est-il pas évident qu'à mesure qu'elle descendait l'échelle de perdition, elle était poussée par une foule de riches libertins qui dépensaient, pour achever de la perdre, plus d'argent qu'il n'en fallait pour la sauver ? N'est-ce pas encore celui qui lui apporta le prix de son déshonneur qui est le vrai coupable et non pas elle ?

« Ah ! c'est une pauvre malheureuse, plus digne cent fois de pitié que de mépris. Que de pleurs versés entre deux scènes de débauches, aux purs souvenirs de sa sainte jeunesse. Où est sa mère? Où est son père? La douce maison où elle est née, où elle a grandi, où elle fut heureuse parce qu'elle était innocente? Où sont les compagnes du jeune âge, les plaisirs du soir, les espérances du lendemain? O Dieu ! ainsi pleurent chaque jour la plupart de ces malheuses, et la société qui les fait servir à ces sales voluptés les accable de son mépris et les tient enchaînées! Etrange contradiction ! Quand donc la loi d'harmonie s'établira-t-elle parmi nous pour faire cesser tant de misère. Ne méprisons pas les prostituées. »

Cette abomination cessera lorsque les hommes seront moins libertins.

Des femmes galantes se vengent admirablement par cette apostrophe : « Voyez ces grandes dames qui vont à l'église, qui baisent la main de Monseigneur, que tant d'hommes respectent, que leurs pauvres vénèrent, elles ne sont pas meilleures que nous ! »

En 189..., des dames patronesses d'œuvres pies, d'accord avec le clergé, organisèrent, à Besançon, une cérémonie religieuse au profit des soldats de Madagascar et à laquelle se rencontra l'élite de la haute bourgeoisie et de la noblesse. Parmi ce monde pieux se glissa une courtisane dont la présence scandalisa ces dames du *Saint-Rosaire* et du *Sacré-Cœur*, humiliées de coudoyer dans le saint lieu une prostituée trop connue, ou trop belle, qui avait peut-être aussi accordé ses faveurs à plus d'un mari infidèle.

L'élégante pécheresse de Besançon s'était sans doute souvenue des paroles miséricordieuses du Christ :

« Que celui de vous, qui est sans péché, lui jette la première pierre. » En voyant toutes ces femmes dont elle pouvait supporter le regard jaloux, elle se vit dans son élément, au milieu de toilettes tapageuses dont la sienne était des plus distinguées, mais elle avait mal jugé la noble assemblée ; car à l'offrande, ayant mis une pièce de vingt francs dans le plateau pour soulager quelques malheureux pioupious, elle montrait l'âme généreuse d'une femme réputée perdue. Cependant les dames se révoltèrent au point de demander son expulsion du saint lieu. Elle ne fit aucune résistance, faisant observer : qu'on n'avait pas le droit de la chasser d'une église, qu'elle était libre de donner vingt francs pour les soldats, que si on savait comment elle gagnait l'argent, du moins elle ne le cachait pas comme tant d'autres, et elle sortit en promettant de se venger. Elle se rendit à son hôtel où elle savait que des habituées y allaient clandestinement ; exerçant une étroite surveillance, elle ne tarda pas de surprendre *trois clientes scandalisées*, du monde le plus chic, en compagnie de non moins chics galants. Notre courtisane fit porter un billet aux maris des infidèles, les priant de se rendre sans délai à l'hôtel X... où une personne les attendait. Dès que les victimes étaient arrivées, la bonne de la courtisane était chargée de montrer à chaque arrivant la porte fatale, en lui disant : « Monsieur, entrez là et vous verrez la personne qui vous attend. » Les résultats de cette campagne furent trois divorces scandaleux dans ce monde envié où l'imagination ne voit que bonheur et exemples à suivre.

La Fontaine eut raison de dire : Amour ! Amour ! quand tu nous tiens ; on peut dire : Adieu prudence !

Jeunes filles pauvres, mais vertueuses, méprisez les riches débauchées et criez-leur bien haut : Dans notre misère, sous nos humbles habits, sans fard, ni parures, nous valons tellement mieux que vous, qu'aucune comparaison n'est à faire.

Des théologiens *moralistes* enseignent que Dieu a institué la prostitution, ce que la Bible démontre par des exemples édifiants et ce qui est en reconnaître l'*utilité* pour le bien de l'humanité et la gloire divine. Ne soyons plus étonnés de la conduite de papes, d'évêques et de ministres, conduite dont rougirait plus d'un sauvage, telle fut celle d'un pasteur de Bâle, qui prit la fuite à la fin de l'année 1902, après avoir été découvert se bestialisant de concert avec des membres de la plus haute aristocratie bâloise, sur un grand nombre d'enfants, dont quinze furent connus.

Plusieurs sociétés, organisées pour éteindre les maux attribués aux prostituées, ont proposé la suppression des maisons de tolérance ; leur siège principal fut à Londres, où tant de prostituées, couvertes de haillons, s'offrent au premier venu !

Quelle hygiène et quelle morale !

Le 29 juillet 1864, à deux heures du matin, devant *un nombre insignifiant* de membres, la Chambre des communes adopta, à Londres, l'*abolition de la prostitution* en tant qu'institution réglementée ou tolérée et grâce à l'activité de pécheresses ayant fait vœu d'éteindre le *fléau*, la *fédération britannique* se constitua en *corps d'armée*, le 19 mars 1875 et, aveuglée, elle ne voit pas dans son milieu la *prostitution libre* y établir domicile pour le couvrir par tout de souillures mortelles.

Les abolitionnistes, dans leur fanatisme, n'ont pas compris qu'en voulant enrayer un fléau, ils ont étendu ses ravages, car la prostitution clandestine est un chancre qui ronge profondément la société.

Nulle ville au monde ne possède autant de maisons de débauches que Londres, ni autant de prostituées, évaluées à 600.000 ; tout se prostitue à Londres, depuis l'enfant en guenilles qui se livre pour un morceau de pain noir que nos chiens ne voudraient pas mordre, jusqu'aux femmes riches et opulentes qui se prostituent pour satisfaire leurs capricieuses fantaisies.

Depuis 1864, la dépravation londonienne n'a fait que progresser ; après la *Pall Mall Gazette,* le journal médical *The Lancet* claironna cette note indignée : « Dans aucune capitale nous n'avons vu le vice et le libertinage s'imposer à la société de façon aussi répugnante que dans notre ville... » Un sociologue distingué, Léon Faucher, a écrit : « La prostitution anglaise présente généralement le caractère le plus cynique que l'on ait été à même de constater dans le monde entier ; elle commence à Londres dès l'âge le plus tendre, et le plus souvent elle y est greffée sur le crime. »

La Chambre des Communes, en supprimant la

réglementation de la prostitution, a causé l'affreux malheur de pouvoir compter au moins chaque année, à Londres, 200.000 syphilitiques, de sorte que l'Angleterre a la juste récompense de ses œuvres.

Sous le nom de *Bulletin continental*, la *Fédération continentale et générale* publie une revue mensuelle, *des intérêts de la moralité publique*, où l'absurdité démontre que la liberté de la débauche est le plus grand bienfait.

Ces faux moralisateurs voudraient démentir le célèbre Ricord déclarant qu'un homme sain peut contracter un écoulement avec une femme non malade, mais simplement atteinte de pertes blanches. Fournier et autres syphiligraphes distingués confirment cette opinion, depuis longtemps prouvée, que les prostituées soumises diminuent les causes d'infection. Il est inutile de contredire ce que l'expérience démontre. Pour appuyer sa théorie, la *Revue mensuelle* du 15 juin 1883 cite la suppression des maisons de tolérance de Colmar où les bureaux de tabacs sont des comptoirs de la prostitution et cette bonne revue termine triomphalement ses considérations par l'extrait suivant d'un rapport du commissaire de police de Colmar, en date du 10 juin 1882 :

« La suppression des maisons de tolérance à Colmar n'a entraîné aucune atteinte à la moralité ; la situation sanitaire s'est au contraire améliorée, la tranquillité et la sécurité de la voie publique n'en ont point souffert.

« On voit chaque jour, *plus ou moins clairement*,

que l'existence de ces maisons n'était pas nécessaire ; ceux qui prétendent le contraire avancent une chose qui n'est pas vraie et ne sauraient produire aucune preuve à l'appui de leur dire. »

Cette expression : *plus ou moins clairement,* est magnifique.

La prostitution clandestine a toujours été considérée comme la plus dangereuse,

La Bible dit, chap. VII des *Proverbes* : « Comme je regardais à la fenêtre de ma maison par des treillis, je vis entre les sots, et je considérai entre les jeunes gens un jeune homme dépourvu de sens, qui passait par une rue, près du coin d'une certaine femme, et qui tenait le chemin de sa maison. Sur le soir, à la fin du jour, lorsque la nuit devenait noire et obscure, voici qu'une femme vint au-devant de lui parée en femme de mauvaise vie et pleine de ruse, bruyante et débauchée, et dont les pieds ne demeurent point dans sa maison, étant tantôt dehors, et tantôt dans les rues, et se tenant aux aguets à chaque coin de rue. Elle le prit et le baisa, et avec un visage effronté, lui dit :
— « J'ai chez moi des sacrifices de prospérité ; j'ai aujourd'hui payé mes vœux. C'est pourquoi je suis sortie au devant de toi, pour te chercher soigneusement, et je t'ai trouvé. J'ai garni mon lit d'un tour de réseau, entrecoupé de fil d'Egypte. Je l'ai parfumé de myrrhe, d'aloès et de cinnamone. Viens, enivrons-nous de plaisir jusqu'au matin, réjouissons-nous en amours, *car mon mari n'est point en sa maison* ; il s'en est allé en voyage bien loin. Il a pris avec soi

un sac d'argent ; il retournera en sa maison au jour assigné. Elle l'a fait détourner par beaucoup de douces paroles et l'a attiré par la flatterie de ses lèvres. Il s'en est aussitôt allé après elle, comme le bœuf s'en va à la boucherie, et comme le fou va au cep pour être châtié ; comme l'oiseau qui se hâte vers le filet, ne sachant point qu'on l'a tendu contre sa vie.

« Maintenant donc, enfants, écoutez-moi et soyez attentifs à mes discours. Que ton cœur ne se détourne point vers les voies de cette femme, et qu'elle ne te fasse point égarer dans les sentiers ; car elle a fait tomber plusieurs blessés à mort et tous ceux qu'elle a tués étaient forts. Sa maison sont les voies du sépulcre qui descendent aux cabinets de la mort. »

Cette citation de Salomon désigne la prostitution clandestine et les maux qu'elle engendrait ; car les mots *blessés à mort* et *tués* indiquent clairement les ravages d'un mal incurable qui ne pouvait être que la syphilis chez beaucoup d'individus et chez d'autres un épuisement progressif, l'*étisie*.

Que les faux moralistes méditent cette déclaration de saint Augustin : « Quoi de plus sordide, de plus ignoble et de plus honteux que les prostituées, les proxénètes et autres pestes de cette nature ? Et pourtant, supprimez les prostituées, vous troublerez la société par le libertinage. » (August., de ordin., II, 12.)

Dans ses *Essais*, Montaigne dit : « De là disent aulcuns que d'oster les bordels publics c'est non seulement espandre partout la paillardise qui était assignée à ce lieu-là, mais encore aiguillonner les hommes à ce vice par la malaisance. »

« Les maladies affreuses, dit Parent-Duchâtelet, que la prostitution propage depuis quelques siècles, et la crainte d'une contagion inévitable ont-elles diminué le nombre des prostituées ? Non, assurément. Tout nous prouve que la certitude de maux encore plus grands ne le diminuerait pas et que sous ce rapport l'homme, dominé par les besoins et aveuglé par les passions, est plus stupide et plus imprévoyant que la brute. » Cet auteur dit encore : « Les prostituées sont aussi inévitables dans une agglomération d'hommes que les égouts, les voiries et les dépôts d'immondices. »

Solon, le premier, passe pour avoir établi des lieux de débauche et reçut le titre de *sage*. La prostitution est déplorable, mais il ne faut pas oublier qu'il y a moins de *mangeuses* d'hommes que de *mangeurs* de femmes.

La prostitution est aussi ancienne que le monde et les châtiments dont parlent les Ecritures prouvent que les peuples se sont moqués de ses avertissements, *puisqu'ils sont morts dans leurs souillures.*

Aujourd'hui, la débauche est tellement effrénée qu'il est nécessaire de l'enrayer à cause des ravages qu'elle cause sur la jeunesse. Interrogez ces jeunes gens faibles, pâles, maladifs et vous apprendrez qu'ils sont atteints de quelque maladie honteuse capable de ruiner des générations entières.

Si la prostitution ne peut être empêchée, aux maux qu'elle engendre il y a des remèdes salutaires :

1º Punir tout homme convaincu d'avoir trompé, détourné ou corrompu une fille et toute fille ou femme convaincues d'avoir provoqué des hommes à la débauche.

2º Exercer une surveillance active sur les lieux de prostitution et recommander aux femmes l'usage d'un liquide préservatif.

3º Conseiller aux hommes de se donner une ou deux injections, après leurs rapports avec des prostituées, de se laver la verge avec un liquide contenant de l'acide borique, du salicylate de soude ou du chinosol.

4º Placer toute femme présentant la moindre lésion douteuse dans un établissement *ad hoc*, aux frais des propriétaires de lupanars, jusqu'à parfaite guérison.

5º Défendre aux maisons de vendre des liqueurs fortes et de recevoir des gens ivres ; car des jeunes gens et des hommes mariés ne se laissent entraîner que lorsque les boissons ont excité leur cerveau, ce qu'ils regrettent tardivement.

Ces moyens suffiront à prévenir beaucoup de contagions.

Le *Bulletin continental* a proclamé (nº du 15 décembre 1877) que les maisons de tolérance *proprement dites* n'existaient plus dans le canton de Neuchâtel et que la préfecture de la Chaux-de-Fonds, de laquelle seule dépendait le bureau des mœurs, l'avait supprimé : « Donc, ajoute le spirituel journal, à la Chaux-de-Fonds, plus de registres d'inscription des filles qui y séjournent (mais qui peuvent faire leur métier) ; plus de visite sanitaire ; le régime exceptionnel de police et de réglementation de la débauche est aboli (mais la débauche est tolérée) ; le droit commun ne souffre plus de restriction » (mais les maladies vénériennes sont toujours plus nombreuses). Voir le *Bulltin continental* de janvier 1883.

Le danger réel d'une pareille suppression est démontré par cet aveu d'un jeune homme de la Chaux-de-Fonds, bien placé pour voir ce qui s'y passe et qui fut pincé par une de *ces dames* chez laquelle il avait été envoyé pour commission : « Il est inouï, le dévergondage ici ; nous avons compté *plus de cinq cents filles* ; le soir on en voit partout, à tous les coins de rue etc. ». Ce qui est vrai.

S'il y a des prostituées volontaires, abjectes créatures, dégradées dès le jeune âge, en revanche il y a des jeunes filles qui le deviennent malgré elles ; la pauvreté, la curiosité, l'abandon, un naturel vicieux ne sont pas les seules causes déplorables qui poussent des malheureuses à se sacrifier sur l'autel de Cythère. Dans beaucoup de villes il y a des magasins, dits bazars de n'importe quoi, qui vendent certains articles au-dessous de leur valeur réelle pour amorcer le public ; les propriétaires de ces magasins font des offres alléchantes aux jeunes filles engagées comme vendeuses ; ces demoiselles qui appartiennent ordinairement à d'humbles familles, quand elles ne sont pas orphelines, entrent donc le cœur joyeux et plein d'espérance dans ces maisons, comptant toucher une somme qui leur permît de vivre et de faire des économies ; mais à la fin du mois ces honnêtes travailleuses ne touchent qu'une somme dérisoire de 25 à 30 francs, par le moyen crapuleusement ingénieux d'amendes pour *avoir ri, causé sans motif jugé nécessaire*, pour *s'être assises*, etc. Si les malheureuses se plaignent, on leur répond cyniquement : « Prenez un souteneur » (*sic*), ou encore : « Vous pouvez en gagner assez la nuit. » Cette excitation à la débauche n'a pas encore ému les autorités suisses et messieurs les pasteurs ne paraissent pas bien pressés d'exercer leur charitable influence contre de tels abus.

Voici un moyen peu recommandable et peu délicat employé par des lassés de maîtresses trop attachantes ; je l'appris du principal acteur, à la Taverne Russe, rue du Faubourg Montmartre, à Paris, le 24 septembre 1897 :

— Venez-vous, lui dit un de ses amis, ce soir à...?
— Non ; vous savez que hier soir j'étais en compagnie de ces deux jolies femmes, dont l'une est la maîtresse de l'ami V... ; or, j'ai la chaude-pisse et comme V... veut se débarrasser de sa maîtresse, il m'a promis un bon dîner si je parvenais à lui communiquer ma coulante et je lui ai donné ma parole ; c'est ce soir que la rencontre aura lieu ; je ne puis lui refuser ce service ; je ne pourrai donc être des vôtres.

Pauvres marchandes d'amour qui, après tant d'abandons, souillées, flétries, tentez encore de faire naître l'amour, voyez comme vos efforts sont récompensés. Les amants, fatigués de vos caresses vous jettent dans les bras d'amis malades, et l'on s'étonne de vos vengeances ! (1).

Si une jeune fille saine et pure s'unit à un jeune homme qui a eu un accident vénérien, par pudeur, il n'en dira rien, et elle sera exposée à tous les ennuis d'une pareille union, malheureusement trop fréquente.

Il y a des accidents et des entraînements déplorables dans ce champ d'illusions où Eros, plus terrible que Mars, lance ses flèches empoisonnées dans nombre de sources qui ne demandaient qu'à rester pures.

J'ai connu un garçon qui ne pouvait voir une femme sans tenter sur elle un assaut de bon mâle ; ce garçon, on le devine sans peine, ne chevaucha pas autant de biches apprivoisées ou sauvages sans contracter d'écoulements ; le contraire eût été anormal ; or, une première contamination facilite toujours les récidives.

Un soir, une femme se fit conduire par son mari à un bal où ce garçon se trouvait ; en dansant, on proposa une sortie ; dehors, près de l'établissement, par une nuit étoilée, sur un simple banc, la femme s'abandonna au garçon qui été fatigué ; l'érection s'étant

---

(1) Une vengeance de garçons rendus malades par des femmes, consiste à introduire dans le vagin un œuf préalablement vidé dont ils brisent la coquille.

La plus grande vengeance relatée par l'histoire, fut celle du sire de Vergy outragé, qui fit manger à sa femme le cœur de son amant.

produite difficilement, une déchirure de la muqueuse interne du canal de l'urètre provoqua de sérieuses hémorragies et une *balanoposthite* qui mirent en danger la vie de l'imprudent. Bacchus, fâcheux auxiliaire, s'était mis de la partie.

Sur les accidents ci-dessus se greffa un écoulement virulent ; à partir de ce moment, le pauvre garçon eut presque autant d'accident que de femme touchée ; il en contamina qui étaient saines avant son contact et en mit plusieurs enceintes, sans contracter d'alliance officielle avec aucune : *Puisqu'elles se donnent à moi*, disait-il, *elles peuvent bien se donner à d'autres.* Telle est la cause ordinaire d'un grand nombre d'abandons.

Ayant communiqué une blennorragie à une vierge, la pauvresse ignorante, avoua souffrir d'un mal étrange ; il lui donna le traitement qu'il suivait lui-même en lui faisant croire qu'il s'agissait d'un accident dû aux efforts qu'elle avait fait en résistant: « Je lui ai caché la vérité, m'écrivit-il, pour ne pas l'effrayer, car échanger sa virginité contre un écoulement ce n'est pas bien avantageux, ni surtout joli. Encore une fois, c'est sans le savoir que je l'ai contaminée ; si j'avais pu prévoir ce fâcheux résultat, je n'aurais pas touché cette jeune fille *honnête et sage* ; ce qui me tourmente, c'est de penser qu'elle doit aller dans sa famille dans quelques jours et je voudrais bien qu'elle soit guérie d'ici-là ; c'est une jeune fille de 17 ans, » etc.

Tels sont les fruits d'un puritanisme aussi excessif

que peu conforme aux lois de la nature et de l'hygiène.

Une dame de la Chaux-de-Fonds, mère de famille, ardente abolitionniste, regretta la faute commise : « *Il certain*, me dit-elle, écœurée, *que maintenant, nous ne pouvons plus laisser sortir seules nos filles ; on les prend pour des prostituées.* »

Une autre dame, patronesse *du relèvement des jeunes filles*, me dit un jour: « Si l'on pouvait se douter de ce qui se passe dans les familles de ces jeunes filles que vous voyez se promener, élégantes et si fières, vous frémiriez. » Ce qui veut dire que des domestiques entendent et voient trop de choses, qu'ils divulguent sans peine : Ça, un ménage ! ça, une bonne maison ! Un vrai bordel ! (*sic*).

On voulut tendre à Genève le piège perfide qui réussit à la Chaux-de-Fonds, mais les Genevois ne s'y laissèrent pas prendre, malgré toutes les manœuvres pour abolir les maisons de tolérance. Un abolitionniste de la classe aristocratique se fit même remarquer par sa fougue, peu en harmonie avec ses mœurs ; car, un jour, la dame de ce débauché ayant remarqué l'embonpoint de sa femme de chambre, lui signifia son congé, à quoi celle-ci répondit : « Madame, je partirai si monsieur veut bien reconnaître son enfant ! » O temps ! ô mœurs ! pourrait encore dire Cicéron.

A Zurich, des moralistes rétrogrades ont fait adopter (juillet 1897) la suppression des maisons de tolérance, rendant le vice plus redoutable. Cette bonne ville possède maintenant, ce qu'elle n'était pas sûre d'avoir avant la suppression, une institution de prostitution générale, au lieu d'une institution localisée : l'autorité aura beau chasser — mesure banale — les prostituées étrangères, elle n'empêchera point le racolage, du matin au soir et du soir au matin. Zurich, enfin, s'est transformé en lupanar.

Au mois de septembre 1904 a eu lieu, à Zurich, une conférence sur la *Traite des Blanches*. Plusieurs délégués, venus de diverses puissances, ont fait entendre leurs cris d'alarme et cette résolution de M. Honnorat a été adoptée :

« La conférence internationale de Zurich, pour la répression de la traite des blanches, en attendant la suppression complète des maisons de prostitution, émet le vœu que, dans les pays où il en existe encore, aucune mineure ne puisse y être admise, sous quelque prétexte que ce soit. »

Cette dernière clause seule est juste et morale.

Les congressistes se sont séparés en promettant de supprimer la prostitution ou tout au moins de l'enrayer

Ces pauvres aveugles ne comprennent pas qu'il serait plus facile de supprimer le soleil que ce mal nécessaire. Ils feraient beaucoup mieux de réglementer sagement la prostitution et de s'acharner contre la prostitution clandestine qui fait partout les plus terribles ravages.

Dans l'ouvrage publié par le docteur Grandier-Morel, *Le Pèlerin de Cythère*, l'auteur s'appuie sur les notes de Victor Guibert, fils de Guilber de Préval qui serait mort à Versoix, canton de Genève, en 1885, petit-fils du docteur Denis de Préval qui, à la fin du XVIIIe siècle, subit un outrageant jugement pour avoir prouvé l'immunité de la syphilis qui fut jugée *immorale*. Dans ce livre, où la prostitution est étudiée en nombre de lieux, l'auteur révèle sur la débauche à Genève, à Berne et à Zurich, des choses assez piquantes.

Bâle, ville de 100,000 âmes, la plus antifrançaise de la Suisse, est dépourvue de maisons de tolérance ; autrefois elle en avait, mais les dames d'aristocrates s'étant aperçues de l'infidélité de leurs époux demandèrent et obtinrent la suppression de ces maisons. Bâle est curieuse à étudier, connaissant la sévérité de son gouvernement pour tout ce qui touche aux mœurs ; aussi me suis-je renseigné près de personnes les plus capables de m'instruire, des étudiants, et je ne fus pas peu surpris d'entendre ceci : « Dans toutes les rues de Bâle il y a des cocottes (vieux style) ; vous voyez ce balcon fleuri, là, habite une jolie blonde ; ici, là-bas, en haut, en bas, il y a partout des marchandes d'amour ; par exemple, ce n'est pas cher, mais elles sont presque toutes poivrées. »

Le jour, elles n'accostent jamais un inconnu, ou du moins très rarement, mais elles ne sont pas indifférentes aux provocations et le racolage s'y fait en pleine lumière ; devant certains magasins on peut remarquer des hommes s'approcher de certaines femmes, leur dire quelques mots à l'oreille et voir l'une qui semble ne pas comprendre, l'autre qui sourit, celle-ci qui part toute réjouissante, celle-là qui écoute la proposition avec un sourire narquois, cette autre qui accepte d'un imperceptible mouvement de tête ; on se suit sans faire semblant de se suivre et arrivé à certain point on se parle à mots couverts pour se retrouver à l'hôtel qui est, à Bâle, la principale maison de passe, ou dans la chambre de la fille. Dès que la nuit commence, on aperçoit partout des chauves-souris de trottoir à la tournure et au geste provoquants, n'ayant en général de beau que les habits qui cachent la saleté et la corruption.

Un soir, montant avec mon fils les escaliers qui sont près du marché, nous entendîmes plusieurs fenêtres s'ouvrir et des P'sit ! P'sit ! significatifs ; j'étais fixé sur les mœurs diurnes et nocturnes de Bâle et croyais que la débauche s'arrêtait-là, lorsqu'un soir, la nuit commençant à peine, je vis, près de l'église Saint-Pierre, en face d'une maison de belle apparence dont quelques croisées étaient grillées comme celles d'une prison ou d'un couvent, je vis, dis-je, une femme à la marche discrète s'approcher d'une mère de famille que deux enfants suivaient à quelques pas et, mettant un doigt sur ses lèvres, comme pour faire entendre quelque chose de grave, elle lui demanda assez bas : si elle connaissait cette maison ? — Sur une réponse négative, elle parut étonnée et se disposait à en dire davantage, mais les enfants s'approchant, l'accosteuse s'éloigna après un adieu qui voulaient dire, — à une autre fois !

Cette femme était une pourvoyeuse, à la solde de vieux polissons bâlois meublant de nouveautés et de vieux rossignols une maison de *débauche clandestine*.

A Bâle, près d'un grand hôtel, un médecin fait des sondages appropriés, moyennant cinq francs, à toute femme qui veut détruire le fruit d'une conception ; il châtre même celles qui le désirent, et les autorités qui le savent, puisque ce médecin ne fait que cela, ne disent rien, trop heureuses d'avoir recours à ses bons offices quand elles le jugent à propos (1).

Un personnage de marque, à Bâle, reçut un jour un paquet contenant un nouveau-né ; c'était une pauvre fille séduite, qui, abandonnée, avait fait cet envoi.

A Petit-Bâle, il y a des racoleuses de femmes pour maisons de passe et bureaux de tabac ; près de la gare badoise il y a un de ces établissements. Au Petit-Huningue, dans les bals où vont tourner la lie du peuple et certaines classes ouvrières, il n'est pas rare de voir des filles et des femmes à moitié avinées, se livrer aux attouchements les plus impudiques ; je pourrais citer dix témoins de ces faits : seule la police de Bâle ne voit rien.

A Bâle et aux environs, il y a des fabriques de soie et de cigares où une honnête femme ne peut entrer sans être écœurée ; les filles, des plus jeunes aux plus vieilles, débauchent des garçons à peine pubères et provoquent des hommes mariés (2).

(1) C'est l'agent de police secrète, Moll-Borner, de Bâle, qui m'a fourni les plus précieux renseignements.
(2) Dans ces usines, des filles, dès l'âge de 13 ans, se prostituent ; grâce à un pernicieux contact tous les ateliers de femmes sont des ruches de prostituées.

Le nombre de filles qui contractent des maladies honteuses ou qui font disparaître les fruits de leurs débauches est incalculable ; ce n'est un secret pour personne, excepté pour les autorités qui défendent le concubinage sous peine de trois jours de prison.

A Bâle, durant son carnaval, dans toutes les classes, filles, femmes, maris et garçons se livrent, sous l'incognito plus ou moins réservé de *loups* et de masques, aux bacchanales et saturnales des plus crapuleuses licences ; c'est la ville la plus dépravée de la Confédération.

Voici l'opinion du docteur Rymer, dans son opuscule de 16 pages (prix 2 fr.) : *Plus d'excès de population*, pour diminuer le nombre des prostituées et des enfants gênants. A la page 4 de cet opuscule que les journaux suisses annoncèrent avec un plaisir soutenu, on lit ceci : « Il est au pouvoir de l'homme de se rendre maître de sa faculté génératrice, sans faire tort à la satisfaction, conforme à la nature des besoins sexuels. »

« Ainsi serait en même temps résolue la question de savoir comment on pourrait prévenir *un excès de population*, sans qu'il y eût besoin de recourir à l'abominable *théorie de l'infanticide* d'un Malthus.

« Ainsi, mille et mille jeunes filles seraient préservées de la honte et du déshonneur qui les accablent d'ordinaire, à la suite d'une seule faute, et ne les jettent que trop souvent dans les bras de la prostitution. Des milliers de pauvres familles pourraient éviter une *bénédiction* que leur misère doit forcément changer en fardeau... » et l'auteur indique ainsi, page 14, le moyen de ne plus faire d'enfants : « L'œuf n'est susceptible d'être fécondé que lorsqu'il se meut dans la direction de la matrice ; cette aptitude à la fécondation de l'œuf dure 8 à 12 jours, temps après lequel l'œuf mûr périt, et il est positif que la femme ne peut devenir grosse si le rapprochement sexuel avec l'homme a lieu 10 ou 12 jours avant la menstruation. Par contre, la même femme concevra certainement si elle consomme l'acte générateur pendant les 6 ou 12 premiers jours qui suivront la menstruation ; il n'est pas nécessaire de démontrer l'importance de ces résultats au point de vue de la vie pratique. »

Avant Rymer, Souchet signala des exceptions. On ne féconde pas une femme toutes les fois qu'on l'y expose. Les ovules sont généralement féconds en tout temps, mais cette règle souffre de nombreuses exceptions (1). La théorie de Rymer est fausse, les fréquentes déceptions qu'elle engendre en sont la meilleure preuve ; il est démontré que le meilleur moment, pour féconder une femme, est celui qui suit immédiatement la cessation de l'écoulement périodique.

Des praticiens ont prétendu connaître le sexe de l'enfant à naître, ce qui n'est pas scientifique. Le pro-

---

(1) Les prostituées sont très rarement fécondées, parce que les excès du coït sont une cause d'infécondité.

fesseur Thury, de Genève, avança qu'une femme, fécondée dès le sixième jour après les époques, enfantera un garçon, et, avant une fille ; mais les résultats, constatations sérieusement faites, ne confirment pas toujours ces déclarations ; rien n'est constant dans la nature où partout l'on remarque de fréquentes exceptions à toutes les règles ; que ceux qui se conformeraient à ces prescriptions en contrôlent la valeur. Un professeur de Vienne prétend connaître le sexe de l'enfant à naître au genre de nourriture de la mère, ce qui n'est pas plus sérieux que le reste.

Dartigues, dans son livre : *De la Procréation volontaire des Sexes*, prétend qu'une fille est formée si la fécondation est faite un ou deux jours avant les règles ou immédiatement après, ou du douzième au vingtième jour. Si la fécondation s'opère deux ou trois jours après les règles, elle produirait un garçon.

Si l'on tient compte que beaucoup de femmes ont leurs époques irrégulièrement et ne peuvent en assigner le jour, on comprendra la difficulté d'assurer la formation d'un sexe désiré et que cette fécondation est tout ce qu'il y a de plus incertain.

Dans *La Question des Mœurs*, M. A. Herzen, dont les conférences sténographiées parurent en fascicules, en février 1897, dit : que l'on ne doit jamais recommander aux jeunes gens, en dehors du mariage, de chercher femme. Ce conférencier, très applaudi des momiers de tout poil, fait preuve d'une parfaite ignorance des lois de la nature, que l'on ne viole jamais en vain ; car dès que l'homme est formé, la nature lu indique l'usage qu'il doit faire de ses sens, sans abus ; une trop longue abstinence génitale cause la spermatorrhée (voir chap. V), de graves affections et même la folie (1).

Les Arabes, dont les forces physiques sont très développées, laissent leurs enfants, dès qu'ils sont pubères, en liberté avec de jeunes esclaves, pour prévenir des abus contre nature (dont les adultes sont pourtant friands) et les suites d'une longue privation. Il est absurde de soutenir que l'on peut se passer de ces besoins comme d'un jeu ou d'une passion nuisible ; nous avons des organes pour les faire fonctionner ; les yeux, les oreilles, le nez, voudrait-on les paralyser ? Si les excès sont nuisibles, la privaton d'exercice organique ne l'est pas moins. La liberté à donner aux jeunes gens doit être raisonnée ; sans les faire esclaves des passions, il faut les instruire sur les dangers de tous les abus épuisants et par conséquent mortels ; mais ce qu'il faut combattre à outrance, ce sont les prostituées clandestines, ces crampons mobiles qui sont le pire danger de la santé publique.

Les chiffres ci-dessous prouvent que les filles soumises ou règlementées sont plus rarement infectées que les prostituées clandestines.

---

(1) Les abus vénériens ont une fâcheuse influence sur la la vue, sur le cerveau et la moelle épinière ; l'ataxie locomotrice est souvent tributaire de ces abus.

## Statistique de M. Fournier.

Sur 387 cas, il y a eu :

| | |
|---|---:|
| Blennorragies contractées avec des filles publiques. | 12 |
| — — avec des filles prostituées clandestines . . . . . . . | 44 |
| Transport . . . | 56 |
| Blennorragies contractées avec des filles entretenues et filles de théâtre. . . . . . . . . . . . . . . | 138 |
| Blennorragies contractées avec des ouvrières. . . . . | 126 |
| — — avec des domestiques . . . | 41 |
| — — avec des femmes mariées. | 26 |
| Total. . . | 387 |

Le nombre des femmes qui se prostituent à Paris est évalué approximativement à 120.000, chiffre dont il est bien difficile d'affirmer l'exactitude, un grand nombre de prostituées sachant se soustraire aux exigences des règlements sanitaires. Le docteur Parent-Duchâtelet, auteur de la *Prostitution à Paris*, estime à 60.000 le nombre de vénériens et le docteur Lecour, d'après une rigoureuse statistique roulant sur quinze années d'observations, a établi que la moyenne des maladies vénériennes était de 100 sur 7.000 femmes inscrites, tandis que la moyenne de ces affections, chez les filles insoumises, s'élevait dans la proportion énorme du tiers de ces véroleuses, ce qui condamne sans appel les abolitionnistes.

A ces documents, je joins les cas observés à Genève, Lausanne et la Chaux-de-Fonds, de 1880 à 1884 :

Genève comptait 70.000 habitants, 120 médecins et 31 maisons de prostitution, prostituées soumises (en carte) environ 400, vénériens traités à l'hôpital, moyenne 120.

De 1880 à 1881, j'ai traité dans cette ville 34 cas divers.

Lausanne comptait, en 1882, 30.000 habitants, 31 médecins, maisons clandestines de prostitution 5, prostituées clandestines, moyenne 140.

Pendant cette année 1882, j'ai traité 74 cas divers, et du 1er janvier au 30 avril 1883, j'en ai traité 76.

La Chaux-de-Fonds comptait, en 1883, 24.000 habitants, 12 médecins, 6 maisons de débauche tolérées, mais non surveillées ; prostituées clandestines, nombre inconnu. Du 1er mai au 31 décembre 1883, j'ai traité dans cette ville 276 cas divers et en 1884 un peu plus de 300, et depuis, le nombre des prostituées clandestines a tellement augmenté qu'il est impossible de le fixer, même aproximativement. Il est vrai qu'en Suisse, comme partout, c'est l'avilissement des salaires de la femme qui la pousse à se prostituer. En mai 1905, une société pour « le relèvement des jeunes filles » a tenu plusieurs séances à Neuchâtel où l'on a constaté les abus des employeurs qui se retranchent devant la concurrence pour excuser leur avarice, de sorte que le mal est là pour longtemps.

SECONDE PARTIE

# Maladies Vénériennes[1]

### CHAPITRE IV

**La Syphilis. (1).** — Son Histoire. — Opinion des auteurs anciens et modernes. — Ses accidents. — Sa transmission. — Son traitement.

Appelée *syphilis* par les Latins, les Allemands et les Anglais, de *Syphilus*, nom du principal personnage du poème de *Fracastor,* ce mot signifie amour sale, impur. Désignée encore sous les noms de *mal français, mal napolitain, mal des chrétiens*, etc., et vulgairement sous les noms de *gorre, mal du saint homme Job, de saint Mévius, grosse vé-*

---

(1) Un client ayant montré cet ouvrage à un professeur, à Berne, celui-ci le garda en disant : qu'il était bon pour un médecin plutôt que pour un malade, ce qui était en faire le plus grand éloge.
(2) En 1905, le docteur Schandum a découvert le redoutable microbe de la syphilis qui est un *spirille.*

*role*, etc. ; cette maladie, dont les accidents sont aujourd'hui connus sous le nom générique de *syphilides*, n'a jamais été bien définie, et s'il fallait parler de tous ceux qui ont écrit sur ce sujet, il faudrait plusieurs volumes. Ce que nous pouvons affirmer, c'est que la syphilis est toujours la maladie du siècle.

On a appelé la syphilis du nom plus général et assez vague, de mal vénérien, parce qu'il dérive du jeu de Vénus (déesse de l'amour) qui comprend toutes les affections qu'il produit. Le nom plus simple de *vérole* lui a été particulièrement donné à cause des rapports qui semblent exister entre ses pustules et celles de la *variole* (vulgairement petite vérole).

L'origine de la syphilis est incertaine, les peuples s'étant fait de continuels reproches sur sa contagion, chacun voulant l'attribuer à son voisin. Des historiens et des médecins ont prétendu qu'elle apparut en Europe, vers 1493, et qu'elle fut apportée en France, par des soldats français, un an après la découverte de l'Amérique, sous Charles VIII, lors de la guerre de Naples, puis qu'elle aurait été introduite en Espagne et de là, ailleurs ; mais un examen attentif démontre que les maladies vénériennes n'ont pas de nationalité et que leur origine est aussi vieille que le débordement des mœurs. Le commerce impur des hommes avec des femmes débauchées aurait commencé avant Noé, d'après le chapitre VI de la *Genèse* : « *Omnis quippe caro corrupterat viam suam super terram.* » Dieu, se repentant d'avoir créé l'homme, se plaignit à Noé, trouvant que *toute chair est corrompue sur la terre* ; ce qui prouve que ces affections existaient dans la plus haute antiquité et que la débauche seule a pu les engendrer. Ces maladies redoutables sont le châtiment promis aux libertins et aux fornicateurs, dans le chapitre XIX de l'Ecclésiaste : « *Qui se jungit fornicariis erit nequam : purredo et vermes hœreditabunt illum.* » Cette menace suprême n'a pas empêché, jusqu'à ce jour, les excès de toute nature, dans les diverses classes sociales ; aussi la syphilis a-t-elle fait des progrès rapides chez tous les peuples.

L'histoire des maladies, comme celle des premiers hommes, s'est perdue pendant les longs siècles de l'ignorance primitive, la vie n'étant alors occupée qu'à satisfaire des besoins matériels. Ce fut bien des siècles après cette existence primordiale que le flambeau du progrès éclaira de sa lumière pâle, indécise et tremblante, des êtres doués d'une intelligence grossière et inculte.

Les écrits des plus anciens médecins, tels qu'Hippocrate, Gallien, Aetus, Avéroës, etc., soit qu'ils l'aient méconnue ou confondue avec la lèpre ou autres affections, n'établissent aucun rapport parfait entre les symptômes de la syphilis et ceux des maladies qu'ils ont décrites, malgré la croyance que ces praticiens la connnaissaient. La syphilis existe depuis qu'il y a eu des femmes débauchées, ce que semblent prouver des récits anciens. L'Ecriture en parle assez clairement dans la citation de l'*Ecclésiaste* ; il en est ausssi parlé dans le *Lévitique* et les *Nombres*. Les chapitres XXIII, XXIV et XXIX du *Deutéronome* en disent encore quelque chose. Dans les ouvrages indiens que l'on a pu interpréter, on a trouvé que les accidents syphilitiques étaient depuis longtemps connus de ces peuples. La syphilis n'était pas inconnue des Grecs et des Romains, très avancés dans l'art de la débauche.

Du XI<sup>e</sup> au XIII<sup>e</sup> siècles, époque des Croisades, les Croisés, fort nombreux, oubliant leur mission sainte, contractèrent des accidents vénériens qu'ils transmirent à leur retour en Europe, ce qui fit donner le nom de *mal des Chrétiens* à ces maladies honteuses.

Dans sa *Chirurgie*, écrite en 1270, Salicette s'exprime ainsi au chapitre 48 : « *De pustulis albis et scissuris et corruptionibus quæ sunt in virga et circo prepucium, propter coïtum cum meretrice vel fœda, vel alia causa.* Voici donc une contagion caractéristique du gland et du prépus à la suite d'un coït impur.

Trente-cinq ans plus tard, Gourdon laissa un traité sur les affections de la verge. Quoique l'on ne puisse déterminer exactement l'époque ni le lieu où la syphilis fit sa première apparition, il faut admettre, avec un grand nombre d'écrivains, que c'est au XV<sup>e</sup> siècle qu'elle envahit l'Europe.

Alexandre Benedictus, qui vivait vers le milieu du XV<sup>e</sup> siècle, cite des malades, atteints d'ulcères vénériens, qui perdirent des membres, les mains, les pieds, le nez ; d'autres qui devinrent sourds et aveugles (1),

---

(1) C'était le chancre gangréneux ou *phagédénique*.

Les écrivains de cette époque sont à peu près tous d'accord sur les caractères de la syphilis, qui sont : des boutons ne donnant pas de suppuration, puis, sur la peau, des excroissances plus ou moins volumineuses et d'un aspect repoussant; enfin des ulcères rongeants à la gorge, accompagnés le plus souvent de douleurs nocturnes ostéocopes.

Voici la description de la syphilis faite par le poète Le Maire, qui vivait à la fin du XVe siècle :

> ... Quand le venin fut meur,
> Il leur naissoit de gros boutons sans fleur,
> Si très hideux, si laids et si énormes
> Qu'on ne vit onc visage si difformes.
> N'onc ne reçut si très mortelle injure
> Nature humaine en sa belle figure
> Au front, au col, au menton et au nez,
> Onc ne vit-on tant de gens boutonnez.
> . . . . . . . . . . . . . . . . .
>
> ... Le commun, lorsqu'il la rencontra,
> La nommoit Gorre, ou la vérole grosse,
> Qui n'épargnoit ni couronne, ni crosse,
> Porques l'on dit les Flamands et Picarts
> Le mal françois la nomment les Lombards,
> Si a encore d'autres noms plus de quatre :
> Les Allemands l'appellent grosse blattre,
> Les Espagnols, les bouës l'ont nommée.

Tous ces faits prouvent l'ancienneté des affections vénériennes dont l'histoire, avec celle du monde, s'est perdue en laissant quelques opinions d'auteurs anciens et modernes.

Les premiers hommes fixèrent le ciel et, cherchant à comprendre les lois qui régissent les astres, ils furent frappés des mouvements périodiques de certaines planètes et portèrent toute leur attention vers les hauteurs infinies, se servant de quelques étoiles pour s'orienter.

Des auteurs et des astronomes, attribuant les maladies aux astres, placèrent la syphilis au nombre des maladies astrales. Montesaurus, atteint de la syphilis (1498), attribua sa contagion à la conjonction de Saturne avec la tête de l'Ariès ; cet auteur, sans parler de l'affection des organes génitaux, signale des douleurs des os. Benedictus attribua la contagion, par les baisers et le coït, à la conjonction des astres. Boërhaave a longtemps écrit sur l'action qu'ont les corps sublunaires sur l'air (*Elément chem.*, tome 1, page 265). Mead leur a attribué, dans les cas d'épidémie, encore plus de pouvoir sur nos corps (*De imperio solis et lunæ*). Ramazini (*Constit. épid. mutin.*), année 1692, a laissé des observations analogues ; mais ces raisons, dues à l'ignorance des choses, sont trop absurdes pour s'y arrêter ; car, ni la conjonction de Jupiter, de Mars et de Saturne, ni celle de Jupiter, de Mars, du Soleil et de Mercure, dans la maison de Libra, ni même celle de Jupiter et de Vénus, dans la maison des Balances, n'ont engendré la syphilis ou autre affection, comme l'ont imaginé de célèbres alchimistes et théologiens tels qu'Albert-le-Grand, auteur de plusieurs ouvrages de sorcellerie. Il fallait l'homme pour inventer de pareilles fables, en se livrant aux plaisirs déréglés de la chair, et la femme pour s'engloutir dans la fange de la prostitution, entrainant à sa suite une foule de jeunes et vieux libertins qui sèment partout la corruption.

Ceux qui ont admis la spontanéité de la syphilis n'étaient pas plus raisonnables. Lucrèce, poète et philosophe romain, disciple d'Epicure, qui vivait au XII$^e$ siècle de la fondation de Rome (60 ans avant J.-C.), dit : « Si quelque chose s'engendrait de rien, les êtres de toute espèce pourraient naître indifféremment de toute sorte de corps, sans avoir besoin de germes particuliers. L'homme pourrait sortir des ondes, les poissons et les oiseaux se former dans la terre, les troupeaux s'élancer des nues et les bêtes féroces, enfants du hasard, habiter indifféremment les lieux cultivés ou déserts. Les arbres n'offriraient pas constamment les mêmes fruits, ils en changeraient chaque jour ; tous les corps pourraient produire des fruits de toute espèce, car s'il n'y a point de germe, dès lors plus d'uniformité ni d'ordre dans les générations. Mais toutes les productions de la nature ne naissent qu'à l'endroit qui leur est propre. »

La syphilis est comme les maladies virulentes qui constituent des espèces morbides, différentes les unes des autres ; en présence de l'invariabilité de ces espèces, on ne peut admettre leur naissance spontanée ; mais dans l'état actuel de la science, l'homme doit se contenter de savoir que les choses bonnes et mauvaises existent, qu'elles sont le produit de forces cachées, que l'œuf, composé de cellules, est le germe de tout organisme dont les éléments invariables sont AZ. O. H. C., dont aucune théorie ne peut faire comprendre la formation.

Le docteur Schelling, médecin allemand, qui écrivit vers 1494, dit que le poison syphilitique est très contagieux par l'air, l'haleine, la respiration et l'habitation dans la même chambre avec un malade, et encore par les vêtements portés par des personnes infectées : « Ed un mot, dit-il, c'est un poison très subtil qui fait craindre qu'on puisse en être infecté dans les bains communs. »

G. Torella, dans son *Traité*, qui parut vers 1500, dit : que la syphilis se propageait, de son temps, par le contact direct, et que la partie atteinte souffrait toujours la première, que ce fut la verge, le sein chez les nourrices, la bouche ou le visage.

Au commencement du xvie siècle, Catanus fit remarquer, le premier, que la syphilis, chez certains individus, reste plus ou moins longtemps, pendant des semaines, des mois et même des années, à l'état latent.

Le célèbre historien Marc. Ant. Coccius Sabellicus, atteint de la syphilis dont il mourut, dit, dans un ouvrage paru en 1506 : que cette maladie commence par des pustules répandues sur toute la surface du corps et se changent rapidement en ulcères hideux.

Le docteur Ucay écrivit, en 1868, que la cause de la *vérole* « est un ferment qui tire son origine de plusieurs semences corrompues et fermentées » (1) : Cette opinion fut émise il y a plus de trois siècles, alors que l'homme ne possédait que de faibles notions en chimie et n'avait que des loupes pour étudier les parties cachées des corps et l'on peut être étonné que les idées d'un homme de cette époque soient conformes à celles de nos savants ; car qui dit ferment, dit production de germes ; or, les travaux de Pasteur ont mis au jour la présence d'organismes infiniment petits, de germes, comme causes de toutes nos maladies et M. Bouley présenta, à l'Académie des Sciences de Paris, un travail sur l'action qu'exerce l'*hélemine* sur les *bacillus* (microbes) de la tuberculose ; il parle en outre de la *bactéridie syphilitique* et de l'évolution de cette maladie chez l'homme et chez les animaux. D'après ces données, il est facile d'établir le rapprochement étroit qui existe entre les deux époques.

« Il est universellement reconnu, dit le docteur Clarc, dans son ouvrage (*Méthode nouvelle et facile de guérir la maladie vénérienne*, édition de 1760), que le virus vénérien est admis dans le sang et circule avec les autres fluides pendant quelque temps avant d'attaquer les solides. C'est pour cela qu'il faut intro-

---

(1) Varron, poète latin, devina, par intuition, l'existence des microbes ; car il dit ceci : « Dans les endroits marécageux, il naît de très petits animaux, trop petits pour qu'on puisse les voir, ils pénètrent dans le corps des hommes par la bouche et par les narines ; leur présence produit de graves maladies ». (1er siècle av. J.-C.).

duire le mercure dans le torrent circulatoire, si l'on veut guérir la maladie vénérienne, dont le virus, par ce moyen, est entraîné au dehors par les glandes excrétoires, secrétoires, salivaires et urinaires, ainsi que par celles de la peau ou des intestins. » Cette opinion fut soutenue par les célèbres syphiligraphes Hunter et Ricord qui considèrent la syphilis comme envahissant progressivement l'organisme, de la périphérie vers la profondeur. D'autres syphiligraphes la présentent empoisonnant à la fois toute l'économie, admettant, à son début, une altération générale des tissus, d'abord superficielle, qui devient profonde ensuite.

**Chancres.** — Le résultat immédiat et constant des accidents vénériens, est caractérisé par une ulcération spéciale à laquelle on a donné le nom de *chancre* (mot qui veut dire : *je ronge*), dont la sécrétion produit le virus, syphilitique ou non, à l'aide duquel la transmission s'opère par contagion.

On distingue quatre espèces de chancres :

**1º Chancre mou, simple ou volant.** — Il n'est pas infectant, c'est-à-dire qu'il ne donne pas la syphilis ; il est toujours local, se présente sous forme arrondie, quelquefois unique ou en groupe de deux, trois, quatre ; son milieu, creusé, présente une couleur grisâtre ; la plaie est circonscrite, à bords taillés à pic, renversés légèrement en dehors et entourés d'une aréole. Ce chancre, peu ou point douloureux, n'est jamais dur, ce qui lui a valu le nom qu'il porte, et une particularité digne de remarque qui le distingue du chancre induré, dont il est quelquefois assez difficile de le différencier, c'est qu'inoculé au sujet qui le porte, il se produit toujours un chancre mou, ce qui n'a jamais lieu avec un chancre induré. Le chancre mou est assez souvent accompagné de *bubons* (poulains) ; mais alors un seul ganglion s'enflamme et cette *adénite mono-ganglionnaire* disparaît ordinairement par suppuration. Ce chancre, qui se termine presque toujours par cicatrisation, après quelques semaines, se montre du quatrième au huitième jour après l'infection, sous forme d'une petite vésicule pustuleuse qui passe ordinairement inaperçue ; abandonné à lui-même, son évolution se termine, sans particularités remarquables, en un mois; mais il peut frapper les muqueuses, principalement l'anus (plus souvent la femme que l'homme) et causer divers accidents, car, toujours, quelle que soit la nature du chancre, le sang est plus ou moins altéré et doit être purifié.

Traitement. — Dans les classes ouvrières, on confond ce chancre avec le chancre induré, ce qui cause de graves accidents ; l'intérêt des malades est de s'assurer de la nature du chancre ; s'il est mou, il est rapidement guéri en le saupoudrant de *calomel* ou *d'iodol* trois fois par jour ; avant chaque pansement, laver les parties malades, ou mieux les faire baigner dans un peu de vin aromatique tiède.

2º **Chancre phagédénique.** — Lorque le chancre

mou devient phagédénique, fâcheuse complication que les malades doivent redouter, celui-ci s'étend plus en surface et en profondeur que le précédent ; il détruit tous les tissus mous et cellulaires. J'ai vu des individus, en irritant des chancres mous avec des corrosifs, ou en les recouvrant de pommades, s'infecter d'un chancre phagédénique qui rongeait entièrement le gland, le prépuce, la verge, puis s'étendait sur les cuisses et jusque sur le ventre. Il faut éviter avec le plus grand soin l'emploi des corps gras contre ces accidents. Le chancre pagédénique fut particulièrement décrit par Celse sous le nom d'ulcère phagédénique du membre viril. Quand ce chancre est accompagné d'un bubon, ils se confondent, et, dans ce cas, les pertes de substances sont considérables. Le phagédénisme accompagne rarement le chancre induré et n'est pas généralement suivi d'accidents constitutionnels.

Traitement. — Quatre cuillerées à soupe de ce sirop donnent de bons résultats :

| | |
|---|---|
| Sirop de Portal | |
| Sirop de Salsepareille | à 100 grammes. |
| Jus de cresson cuit | |
| Iodure de sodium | 5 — |
| Teinture d'iode | 2 — |

On peut aussi prendre des granules composés ayant la même propriété.

Cautériser les parties malades avec la pâte sulfocarbonique (mélange de charbon finement pulvérisé et d'acide sulfurique du commerce), qui change promptement la nature de l'ulcère ; le *perchlorure de fer*, le *calomel*, l'*argonine* donnent de bons résultats ; l'*iodol*, sans odeur, est une excellente préparation.

3° **Chancre du méat** (blennorragie syphilitique de Swediaur).

Le docteur Swediaur, dans son *Traité sur les maladies vénériennes*, édit. 1798), décrit ainsi la blennorragie syphilitique : « La blennorragie syphilitique est un écoulement contagieux d'une matière puriforme provenant des glandes muqueuses de l'urètre et de la membrane qui tapisse ce canal, écoulement produit par l'action irritante du virus syphilitique que secrètent également les parties génitales de la femme ; dans ce cas, les malades éprouvent au bout de la verge une sensation particulière et désagréable, une espèce de titillation et de légères démangeaisons qui se font le plus souvent sentir dans la partie de l'urètre placée sous le filet, et qui durent deux ou trois jours. Quelques jours après, l'orifice de l'urètre devient très sensible, rouge, se gonfle, et il en suinte une matière d'abord limpide ou claire-jaune, tachant le linge, avec douleurs, surtout pendant l'émission de l'urine qui laisse une impression brûlante (1). »

Le pus que donne cette ulcération interne, de lim-

---

(1) Cette blennorragie n'est pas admise, quoique l'on voit souvent des gens, après avoir contracté un écoulement virulent, avoir des accidents que l'on pourrait attribuer à une infection syphilitique.

pide dès le début, devient peu de temps après épais, sanieux, laissant une douleur plus ou moins vive à l'endroit intérieur du canal où il est situé. Cet écoulement, contagieux, débute ordinairement de 4 à 8 jours après dn coït impur et se complique d'inflammation du canal (urétrite) ou des glandes (prostatite). Les érections sont alors violentes, le pénis est tendu, les émissions sont très douloureuses et des élancements se font sentir dans les testicules. (Voir le traitement aux écoulements, chap. V).

4° **Chancre induré**, *infectant* (huntérien). — Le plus à redouter, parce qu'il infecte l'économie ; il débute par une rougeur arrondie après laquelle apparaît une vésicule qui se crève pour laisser une petite ulcération qui tend toujours à gagner en profondeur. Le fond de cette ulcération est généralement grisâtre, et ses bords, un peu saillants, taillés en biseau, ne sont jamais décollés comme cela arrive pour le chancre mou. Ce chancre n'est point douloureux ; aussi voit-on quelquefois des personnes affectées d'un chancre de cette nature sans en avoir le moindre doute. Avoir la vérole et ne pas s'en douter est le comble du malheur. Autour de ce chancre, il se fait une induration comme si la plaie reposait sur une base dure, cornée ; ordinairement isolé, il secrète un pus d'abord clair, puis sanieux, mal lié, souvent inoculable sur le malade. Ce chancre, qui n'est jamais compliqué de *phagédénisme*, ne donne jamais lieu non plus aux bubons suppurants ; l'adénopathie qu'il provoque est toujours dure et indolente. Son induration persiste encore longtemps après la cicatrisation qui laisse toujours une teinte violacée ou foncée sur la partie chancreuse.

Toute ulcération sur une base dure, indolore, régulièrement circulaire, est d'origine syphilitique ; quand à l'incubation de ce chancre, elle est ordinairement d'un mois jusqu'à l'apparition des premiers accidents, rarement moins, quelquefois plus, deux, trois mois ; sa dimension est très variable ; une fois développé, il reste stationnaire avec teinte rouge ou croûte noire ; sa durée est de cinq semaines à deux mois, après lesquels se manifestent les accidents généraux périodiques classés d'après les caractères qu'ils présentent ; ce chancre peut se manifester sur toutes les parties du corps, mais il ne s'accompagne jamais, comme le chancre simple, d'une seule ganglionite (bubon).

Le chancre induré donnant lieu à tous les accidents de la syphilis, il est d'une importance de premier ordre de le faire avorter par des cautérisations énergiques au fer rouge, ou à l'acide chromique ; il est rare que l'on puisse empêcher l'infection de se produire, si ces cautérisations sont faites trop tard.

Au XVIIIe siècle, plusieurs praticiens renouvelèrent les expériences déjà faites, pour la guérison des tumeurs et ulcères de mauvaise nature, par la chaleur solaire, à l'aide d'un verre biconvexe (appelé anciennement verre ardent). Faur, puis La Peyre, chirurgien de vaisseau, purent guérir en quelques jours des chancres du plus mauvais aspect. Le Comte, maître en chirurgie, prétend avoir pu guérir par ce moyen un cancer (lupus vorace) de la lèvre inférieure, chez une femme. De nos jours on a aussi tenté avec succès la cautérisation de certaines plaies, à l'aide de la lentille, mais l'on a peut-être un peu trop négligé ce puissant auxiliaire (la chaleur solaire) au traitement des ulcérations de nature syphilitique ; il est vrai qu'on à l'électricité plus active, moins douloureuse et aussi moins pénétrante au point de vue calorique (1).

Un accident consécutif aux chancres mous et indurés est l'*herpès génital récidivant* que des auteurs appellent *eczéma* et dont les poussées se manifestent à des intervalles plus ou moins éloignés ; cet *herpès* se manifeste par de la cuisson ou des démangeaisons locales, mais surtout par des vésicules grosses comme une tête d'épingle qui durent 2 ou 3 jours, rarement plus ; elles se crèvent, laissant une cicatrice presque invisible ; son siège est chez l'homme sur le prépuce, le sillon qui sépare le gland du prépuce et sur la peau de la verge ; chez la femme, on le voit sur la face interne des petites et des grandes lèvres. On le traite par l'oxyde de zinc, des compresses mentholées et cocaïnées ou de l'*iodol*.

TRAITEMENT LOCAL DU CHANCRE INDURÉ — Cautériser le plus tôt possible et profondément. Les ulcérations douteuses seront saupoudrées, après lavages à l'eau phéniquée ou boriquée, avec de l'*argonine*, trois fois par jour, de l'*iodol* ou du *salubrol* qui sont des préparations sérieuses.

(1) Pour le traitement général, voir plus loin.

**Des bubons.** — C'est l'inflammation des ganglions qui changent de nature avec les chancres. Ces *adénites*, ou *ganglionnites vénériennes*, connues sous les noms de *bubons* ou *poulains*, sont de volume variable et d'une dureté plus ou moins grande ; elles font éprouver beaucoup de gêne aux malades, avec difficulté de marcher.

Traitement. — Dès le début, lorsque les ganglions sont bien développés, on doit, pour les faire avorter, les traverser par le milieu à l'aide d'une petite aiguille à séton, munie de trois crins de cheval préalablement trempés dans de l'essence de térébenthine ; puis on attache ensuite les deux extrémités de ce séton ; il est rare qu'après quelques jours la résolution de ces adénites ne soit pas complète. Lorsque ces ganglions ne sont pas très durs, on peut les amener à suppuration par l'application d'un emplâtre résolutif, composé en parties égales d'extrait de ciguë, d'emplâtre de Vigo et d'iodure de plomb ; mais le premier moyen est, de tous, le plus actif. On doit injecter dans la masse, par l'ouverture faite par l'aiguille, un liquide tiède antiseptique.

**Accidents.** — On divise les accidents de la syphilis en *primitifs* locaux (chancres) et en *consécutifs*, également locaux ; — en *secondaires* (chancre induré, infectant), *adénopathie* (inflammation des glandes), etc. ; en *tertiaires* (affections spécifiques des tissus cellulaires, musculaires, fibreux et osseux) ; —

en *viscéraux* (Bazin), affections des centres nerveux, des poumons, du foie, etc.

**Accidents consécutifs à l'ulcération.** — Ces accidents sont : La *lymphagite* inflammatoire ou virulente, due au chancre mou dont elle offre les principaux caractères. Les *bubons*, de trois espèces différentes, offrent des rapports symptomatiques constants, selon la nature du chancre qu'ils accompagnent ; ainsi le bubon d'absorption est celui du chancre mou, accompagné quelquefois d'un bubon sympathique douloureux, mais ne suppurant point. Le bubon symptomatique du *chancre phadégénique*, dont il porte le nom, offre les mêmes caractères et produit les mêmes accidents que ce chancre. Le bubon du *chancre induré*, constitué par l'induration de plusieurs ganglions, a reçu le nom de *pléiade ganglionnaire*.

Le pus qui s'écoule de l'ulcération des chancres provoque des condylomes, accidents locaux qui ont reçu les noms bizarres de *poireaux*, *crêtes de coq*, *fics*, *choux-fleurs* ; ces végétations n'offrent de danger que celui d'augmenter de volume et de se multiplier promptement ; cependant si elles sont produites par la sécrétion d'un chancre induré elles sont d'origine syphilitique et dans ce cas le traitement doit être antisyphilitique ; lorsqu'elles sont causées par le pus blennorragique ou par le liquide irritant que sécrètent parfois les organes de la femme, quand celle-ci est enceinte, par exemple, ces accidents ne réclament que des soins locaux, d'où il importe de ne pas confondre la cause originelle.

Voici le résumé d'une lettre qui démontre le danger de confondre la nature de ces accidents : « Au mois d'octobre 1900, ma femme, qui était enceinte, a eu une crise terrible ; le médecin qui la vit ordonna de la *morphine* et du *bromure de potassium* ; elle accoucha d'une fille qui ne vécut que quelques semaines ; trois mois après elle eut de nouveau deux crises ; la seule chose que le médecin lui donna, fut du *bromure* et de la *morphine*, onze semaines plus tard elle a eu de nouveau trois crises ; c'est alors que je la conduisis à Berne, à la clinique du professeur V... où elle resta quatre semaines ; il la traita par des bains électriques et des injections de pilocarpine. Quatre jours après son retour à la maison elle eut une nouvelle crise, je la reconduisis à Berne où elle suivit le même traitement durant sept semaines, mais trois semaines après son retour ma femme eut trois crises dans la même matinée et plus fortes que les précédentes. Le premier médecin a de nouveau ordonné du *bromure*, *ce qui l'hébétait* ; j'ai fait discontinuer de suite ce traitement.....

« Ma femme, qui n'a pas 30 ans, est très bien formée... ; elle n'a ni faiblesse ni maladie de matrice.

« Les docteurs B... et G... qui ont visité ma femme l'an dernier, ont prétendu : *que je lui avais donné la syphilis sans que je le sache* et que c'était pour cela qu'elle avait des couches avant terme ; alors ils la soignèrent au *mercure* et à *l'iodure de potassium* ; pendant six semaines *j'ai eu le malheur* de lui faire des frictions mercurielles qu'elle supportait difficilement et l'ont rendue malade ; JAMAIS ELLE N'AVAIT EU DE CRISES AUPARAVANT et *c'est seulement depuis, qu'elle en a eu.* J'ai déclaré cela aux professeurs V... et C... *qui les ont désavoués complètement* ; car ayant examiné la malade pendant quatre semaines ils n'ont trouvé aucun symptôme de la syphilis ; je me suis fait visiter par le professeur V... par acquit de conscience et il ne m'a rien trouvé non plus, etc. »

Quand on constate une aussi grave erreur et une telle ignorance, on conçoit facilement la crainte que des malades peuvent avoir de tomber entre les mains de tels praticiens ; car aucun symptôme syphilitique ne s'étant manifesté, il était ignorant et criminel de mercurialiser deux sujets non syphilitiques ; l'homme en question avait contracté des *crêtes de coq* avec une femme non syphilitique et il y avait lieu d'agir avec la plus grande circonspection ; du reste, les couches prématurées n'ont pas pour cause exclusive les accidents syphilitiques, ce qui serait très heureux, en privant l'humanité de germes empoisonnés ; mais c'est par milliers que naissent des enfants syphilitiques.

TRAITEMENT. — Pour détruire les végétations, on a recommandé une poudre dans laquelle entre le vert-de-gris (carbonate de cuivre) ; on les détruit aussi avec l'acide chromique, en les touchant légèrement, une fois par jour; à ce pansement douloureux je préfère la solution ci-jointe, très efficace :

    Acide salicylique......... 2 grammes
    Acide acétique........... 20 —
    Glycérine neutre......... 10 —

Agiter et badigeonner à l'aide d'un pinceau, matin et soir.

**Accidents généraux ou syphilis constitutionnelle.** — Ils comprennent : les accidents *secondaires*, *tertiaires*, et ceux, plus tardifs, de la *syphilis viscérale*. Lorsque le virus syphilitique a pénétré dans le sang, sa première action est de l'empoisonner ; les accidents se succèdent alors avec une rapidité et une intensité d'aggravation étonnantes ; un corps sain il y a quelques jours, quelques semaines, quelques mois, atteint de ce mal, deviendra bientôt un objet d'horreur ; tout ce qu'il touchera emportera le germe mortel de son mal ; ce serait l'occasion de faire ici le tableau des dangers et des malheurs causés par la syphilis ; mais que dire après les leçons des maîtres, qui, bienfaiteurs de l'humanité, ont essayé de détourner de la pente du vice des adorateurs trop acharnés de Vénus prostituée? J'aurais un beau sujet de morale à traiter, mais à quoi bon prêcher dans le désert, sachant l'homme enclin à mordre, malgré son âpreté, dans le fruit tentateur qui empoisonne la source même de la vie ! Je dirai pourtant à la jeune fille pudibonde : Défiez-vous des baisers impurs qui saliraient votre bouche, blesseraient votre cœur et empoisonneraient votre sang et votre âme ; car l'infâme qui vous communiquerait sa corruption vous la ferait communiquer à l'enfant que vous couvrez chaque jour d'innocentes caresses, ainsi qu'à ceux que vous aimez et qui vous chérissent ! Le jeune homme qui a eu le malheur de contracter la *syphilis* doit éviter toute relation intime avec des personnes saines ; s'il ne peut éviter le mariage, qu'il ait au moins le courage d'avouer son état, plutôt que de corrompre une source pure et d'avoir des enfants qui apporteront en naissant les germes indélébiles d'un mal redoutable. Le mieux serait de ne se marier qu'après la disparition complète de tout accident ; enfin les infectés devront prendre les plus grandes précautions hygiéniques, et éviter surtout des rapports trop fréquents.

**Accidents secondaires.** — Ces accidents suivent le chancre induré dès son apparition et c'est particulièrement à la peau qu'ils se manifestent sous des formes diverses qui ont reçu le nom générique de *syphilides,* ainsi que des noms particuliers ; un accident caractéristique est la *roséole* qui apparaît ordinairement de huit à quinze jours après l'infection. L'éruption qui apparaît sur l'abdomen, la poitrine, le cou et les membres, ressemble à la rougeole, dont elle se distingue par une teinte cuivrée qui disparaît sous la pression du doigt. Les malades, pendant cette période, sont généralement chloro-anémiques ; ils ressentent des douleurs vagues et des maux de tête dont les accès sont plus violents pendant la nuit ; les douleurs se distinguent des névralgies cervicales et de la migraine, en ce qu'elles se font sentir de chaque côté de la tête. A cette période en succède une autre, de dix à vingt jours, caractérisée par une éruption de petits boutons rouges dans le cuir chevelu, causant une légère démangeaison, sans chute des cheveux. Ces accidents sont quelquefois suivis d'une rougeur de la gorge, désignée sous le nom d'*angine syphilitique*, mais cette complication n'est pas constante ; la voix rauque, la langue enflammée et la difficulté d'avaler la dénotent facilement.

La plus fréquente complication des accidents secondaires consiste en *plaques muqueuses* qui se développent de préférence au scrotum, à la vulve, au vagin, au sphincter et dans la bouche dont les muqueuses vives secrètent un liquide qui les rend humides et douloureuses au moindre frottement, au contact d'un liquide alcoolique ou acide. Cette sensibilité est souvent mise en évidence par des soldats qui introduisent dans le vagin des prostituées, à leur insu, une chique de tabac qui leur fait jeter des cris, si elles sont malades. Les plaques muqueuses sont très contagieuses.

La chute des cheveux, que les malades attribuent au mercure, est due au virus syphilitique ; elle s'opère quelquefois avec une telle rapidité que des personnes perdent en quelques jours tous les poils du corps qui repoussent sans traitement. Le même phénomène se passe pour les ongles.

Une éruption, qui termine la dernière phase des

accidents secondaires, a reçu le nom de *couronne de Vénus* ; les boutons rouges qui la caractérisent ceignent le front sur lequel ils apparaissent, comme si la malicieuse déesse eût voulu stigmatiser ses imprudents adorateurs.

Les affections résultant d'accidents secondaires sont l'*iritis*, la *stomatite syphilitique*, les *syphilides squameuses, palpuleuses, tuberculeuses*, le *coryza syphilitique*, la *laryngite, trachéite* et *bronchite syphilitiques* dont la description entrainerait trop loin. La durée de la période secondaire est de un à six mois.

**Accidents tertiaires.** — Les accidents tertiaires qui terminent l'affreuse maladie, loin de paraître peu de temps après la disparition des accidents secondaires, laissent souvent écouler 1, 2, 3, 5 et même 10, 15, 20 et jusqu'à 30 ans. Ils se manifestent par l'inflammation du tissu cellulaire sous-cutané, des muscles, des tendons, du périoste, des os, des lèvres, de la langue et des viscères profonds, poumons, foie, rate, intestins et cerveau, où elle produit des tumeurs gommeuses ou gommes, d'abord dures, qui ne tardent pas à se ramollir et à s'ulcérer pour laisser écouler un liquide plastique ayant assez de ressemblance avec de la gomme. Ces tumeurs se développent lentement, causant des douleurs et de la gêne des mouvements ainsi que des contractions ou des rétractions, avec des troubles profonds dans le voisinage des parties malades. Ces tumeurs, au lieu de se transformer en ulcères, deviennent quelquefois indurées et passent à l'état cartilagineux ; elles sont alors souvent très douloureuses. Il se fait aussi, dans l'intérieur du testicule un travail inflammatoire de dedans en dehors ; l'organe a une forme allongée, assez semblable à l'*orchite blennorragique*, mais les bosselures, surtout la dureté du testicule malade et son augmentation de volume en font une affection particulière, connue sous le nom de *testicule syphylitique* (1). Son enveloppe (*le scrotum*) est parfois le siège de gommes suppurées, et l'organe perd entièrement ses pouvoirs fonctionnels (2), c'est-à-dire que le sujet, dans la grande majorité des cas, est frappé d'impuissance ; il ne peut féconder.

La syphilis cause fréquemment des accidents nerveux : névralgies, paralysies, troubles du cerveau dus à des ramollissements de la substance cérébrale.

**Transmission.** — « La garde qui veille à la barrière des trônes n'en garantit pas les rois » a dit un célèbre auteur.

Les chancres attaquent toutes les parties du corps exposées à leur contact ; mais les doigts et les mains sont surtout contaminés lorsqu'il y a une écorchure. Ce sont les sages-femmes et les accoucheurs qui sont le plus exposés à contracter des ulcères syphilitiques. F. Swediaur, déjà cité, rapporte plusieurs exemples

---

(1) Voir chapitre V : Affections du testicule.
(2) Cela arrive quelquefois dans l'orchite blennorragique.

d'infections de ce genre et depuis lui que de cas se sont présentés.

On a vu l'opinion de différents auteurs sur l'influence de l'air au point de vue de la contagion : — B. Victorius (1550) admit que l'air qui entourait les syphilitiques était susceptible de transmettre le virus. Il est certain qu'il y aurait danger, pour une personne saine, à coucher avec un sujet syphilitique ayant surtout des plaques muqueuses. Je dois faire remarquer qu'en Suisse, on est trop facile, surtout dans les caves, où des invités, que l'on ne connaît point, boivent au même verre traditionnel, ce qui est malpropre et dangereux.

Des auteurs ont cru à la contagion de la syphilis par le sang, mais cette assertion manque de preuves ; si elle était démontrée, il faudrait la placer à côté des affections les plus contagieuses, comme la morve, le farcin et le charbon qui se communiquent à distance. On sait que la syphilis est héréditaire, mais si des praticiens ne sont pas d'accord sur certains points, tous admettent la transmission du virus de la nourrice à l'enfant ou de celui-ci à celle-là, s'il y a un ulcère syphilitique sur le mamelon du sein ou si l'enfant a un chancre dans la bouche. Des praticiens admettent encore qu'une mère, atteinte de la syphilis, infecte, cinq fois sur sept, si elle est enceinte, l'enfant qu'elle porte ; et le père, atteint de la même affection, la transmet à l'enfant et à la mère ; cependant, cette règle souffre des exceptions. J'ai particulièrement connu un concierge de caserne, âgé de 52 ans, qui eut, à l'âge de

23 ans, un chancre infectant qui avorta, grâce à une prompte médication. Dans l'espace de 15 années, il contracta 3 véroles bien constatées, dont la dernière laissa, sur la région latérale gauche du cou, une tumeur (adénite cervicale molle) de la grosseur du poing. S'étant marié, il eut trois enfants, dont deux fils très robustes, employés dans la marine ; le troisième fut une fille de tempérament nerveux ; ces trois personnes n'ont jamais eu les moindres traces de la maladie du père ; la fille s'est mariée et eut plusieurs enfants bien portants. Ce fait, et beaucoup d'autres, prouvent que la contagion syphilitique a des exceptions remarquables. Des médecins, en petit nombre il est vrai, prétendent que la masse du sang, chez les syphilitiques, étant saturée de ce virus, le lait doit l'être aussi et donner à l'enfant le germe du mal dans le plus grand nombre des cas, ce qui n'est pas encore démontré.

Il doit en être de la transmission du virus syphilitique comme du virus rabique ; ce dernier est incontestablement plus à redouter que le premier, ses accidents étant plus violents et surtout plus rapides dans leurs effets. La rage, on le sait, a son lieu d'élection dans la salive ; on a cherché plusieurs fois à inoculer ce virus à des animaux sains, en leur injectant du sang d'un animal malade, sans pouvoir y réussir ; on a même fait manger de la chair d'animaux malades à des animaux sains, sans que ces derniers en ressentissent le moindre malaise. Elle n'est même pas héréditaire de la mère aux enfants, ainsi que le prouve le fait suivant :

En juillet 1879, une chienne, âgée de 2 ans, mit bas cinq chiens ; il y avait quatre jours d'écoulés lorsqu'elle donna tous les signes manifestes de la rage, sa voix étant changée, sa marche titubante ; l'animal entrait dans de grandes fureurs quand on l'excitait ; sa langue laissait échapper une salive écumante, son regard était terne et la gueule était entr'ouverte ; elle se jetait sur tous les objets qu'on lui présentait, cherchant à les mordre et à les déchirer. A la vue de ses maîtres, elle entrait en fureur ; mais, l'instinct maternel l'emportant sur tous les autres, elle prenait les plus grands soins de ses petits (1). Six jours plus tard, cette chienne tombait en paralysie ; on la fit abattre, tous ses petits, élevés au biberon, jouirent d'une parfaite santé ; ils donnèrent naissance à plusieurs générations et aucun d'eux n'a jamais eu la plus légère indisposition. Jusqu'à preuve du contraire, deux sujets, l'un nourri de lait provenant d'une mère atteinte de la rage, et l'autre (non infecté pendant la gestation) d'une mère syphilitique, ne subissent point l'infection.

Le virus syphilitique se transmet par l'inoculation du vaccin et l'on pourrait citer des cas où le vaccin, pris sur un sujet syphilitique, infecta des centaines d'individus ; c'est donc un danger de prendre du vac-

---

(1) Il est surprenant, dans ce cas, que la mère en léchant ses petits ne leur ait pas inoculé le virus rabique.

cin sur des enfants aux plus belles apparences ; on ne doit se servir que de virus pris sur un animal absolument sain, et le mieux serait de s'en passer.

Voici une intéressante observation, faite par le syphiligraphe Fournier, sur la transmission du chancre mou (non infectant) : « Les gens du peuple, disent Belhomme et Martin, vont gagner leurs chancres dans les maison de tolérance de bas étage, maisons peuplées de vieilles prostituées, syphilitiques émérites, à l'épreuve de la syphilis, et ne pouvant plus guère transmettre que le chancre simple ou la blennographie. Dans les classes élevées, au contraire, on cherche surtout les femmes qui se livrent à la prostitution clandestine. Or, ces femmes, jeunes pour le plus grand nombre et non soumises à des visites réglementaires, sont fréquemment atteintes, soit de chancres indurés, soit d'accidents secondaires contagieux. » Ainsi les premiers ont plus de chances que les seconds.

Les observations d'un praticien de Scutari (Albanie), le docteur Weiser, ont amené des praticiens à admettre la transmission du virus syphilitique par des mouches, d'où le nom de *syphilis diptérique* qui lui est donné à cause de son mode de propagation. Si des personnes atteintes d'une affection vénérienne vont faire leur toilette secrète dans les lieux d'aisances ou des urinoirs, lieux fréquentés ordinairement par des mouches, il peut arriver que ces insectes, hôtes assidus de ces endroits réservés, viennent se reposer sur des linges imprégnés de virus et aillent ensuite déposer ce virus sur les parties secrètes de personnes saines.

Dans ces conditions, il serait facile d'expliquer comment des gens contractent des maladies de mauvaise nature et en ignorent absolument la provenance. Ce genre d'infection est toujours facile à prévenir, si on met dans ces lieux du chlorure de chaux.

Des personnes ont une telle crainte de la syphilis qu'à la vue d'accidents étrangers à cette maladie, elles s'en croient atteintes ; on les appelle, pour cette raison, *syphilomanes*. La *syphilomanie* est assez répandue. Dans ce cas, le médecin doit agir avec circonspection ; ses soins doivent surtout viser le moral ; il doit éviter de faire prendre à ces personnes des remèdes qui pourraient nuire à leur santé.

La syphilis peut se transmettre de l'homme aux animaux. Merche rapporte qu'une ânesse, infectée par un soldat arabe, fut livrée à un baudet qui fut infecté et infecta à son tour des juments ; mais ce n'est jamais qu'une *pseudo-syphilis*. Modifiée par l'organisation des bêtes contaminées, cette maladie est limitée aux parties atteintes par le virus. En 1872, dans une mine de charbon de l'Allier, un cheval entier contracta un chancre à la verge par le contact de cet organe sur des linges imprégnés du virus d'un chancre que soignait un ouvrier qui jetait, après chaque pansement, les linges sur la litière.

A l'aide de quelques lotions antiseptiques et astringentes le mal ne fit aucun progrès, en quelques jours, le cheval fut guéri.

Chez l'homme, malheureusement, les choses ne se passent point ainsi, puisque la syphilis frappe partout, sans distinction de rang ou de race, des individus de tout âge. La syphilis fait surtout des ravages dans les colonies anglaises des Indes où les soldats sont contaminés dans l'énorme proportion de 522 sur 1.000.

Les Indes se vengent des Anglais d'une façon terrible, car en viciant leur sang, elles arriveront sûrement à l'anéantissement de ce peuple rapace.

TRAITEMENT. — Depuis que la syphilis existe, on a tenté de l'enrayer et de la traiter par tous les moyens. Les Ecritures nous apprennent que les Hébreux faisaient usage, pour le traitement des affections rebelles, d'une préparation d'or potable ; aujourd'hui, des médecins donnent encore le *chlorure d'or*.

Des malades constatent que des boutons ou des plaies se produisent sur les organes génitaux, sans se douter des accidents qui pourront en résulter ; les uns se traitent par de simples lavages, avec de l'alun, du vitriol, des cendres de pipe, de la suie, de l'onguent Canet, etc., ce qui est nuisible.

De tous les remèdes, le mercure prévalut et fait encore les frais du traitement général. On commença par des frictions de pommade mercurielle, moyen salissant qui permet au mercure d'être absorbé promptement par les pores de la peau, mais il cause de fréquentes intoxications.

Hahnemann, Belloste, Van-Swieten, Plenk, Clarc, Swediaur, etc., ont administré le mercure sous des formes différentes.

Bérenger de Carpi est le premier praticien qui employa le mercure contre les affections vénériennes, mais ce sont surtout Paracelse, Vigo et Fallope qui ont introduit ce médicament dans la thérapeutique. Plenk, professeur de chirurgie en Hongrie, proposa l'administration du mercure en pilules. Barberousse, célèbre pirate algérien, fit des pilules dont il garda secrète la composition qu'il vendit pourtant à François I<sup>er</sup>, royal débauché qui en avait un pressant besoin. Les gouttes blanches du docteur Ward ont eu longtemps une grande réputation en Angleterre, mais ce remède est tombé dans l'oubli.

La preuve que des moines, des cardinaux et des papes, après avoir contracté la vérole, n'avaient aucune crainte de l'avouer, est clairement démontrée par Pinctor, dans son ouvrage, édité en 1500, où il cite trois guérisons miraculeuses, obtenues par des frictions mercurielles, sur leurs Saintetés le chanoine Centez, le Cardinal de Ségovie et le pape incestueux Alexandre VI, dit Borgia. Quelques années plus tard, un autre écrivain, Ulrich von Hutten, affecté lui-même de syphilis, après avoir employé en vain le mercure et autres remèdes, obtint sa guérison avec la décoction de gaïac, plante dont la découverte a été faite par un voyageur qui apprit, avec son usage, la manière de s'en servir, des sauvages de l'Amérique.

Vers le milieu du XVIII<sup>e</sup> siècle, le docteur Clarc, dans sa *Méthode nouvelle et facile de guérir la maladie vénérienne*, recommande le mercure doux (calomel) en frictions sur la surface interne des lèvres et des gencives ; il dit que ce moyen lui a toujours réussi, ainsi qu'aux praticiens qui ont bien voulu essayer sa méthode. Les docteurs Jeffries, Blanchard, Buchan, Home, professeur à Edimbourg, Hunter. Cruikshank, Brow, Turner, Jebb, etc., approuvèrent sa méthode d'absorption et citent, dans leurs ouvrages, de nombreux cas de guérisons obtenues à l'aide de ces frictions, dont le seul inconvénient est de noircir les dents et de les gâter.

Boerrhaave publia un traitement particulier par l'usage des sudorifiques et des purgatifs les plus énergiques. Astruc a recommandé des remèdes aussi violents que ses prédécesseurs. Van Swieten a employé de préférence le sublimé corrosif.

W. Cruikshank, chimiste et chirurgien à Londres, a fait de nombreuses expériences, consignées dans l'ouvrage qu'il a écrit sur ces affections. Son but étant de trouver des remèdes aussi énergiques, sans être aussi dangereux que le mercure, il fit des essais avec les acides nitriques, chlorhydrique, citrique et le chlorate de potasse. Ce praticien cite des guérisons de chancres syphilitiques obtenues en quelques jours par l'emploi de l'acide nitrique, à la dose de 5 grammes pour un litre d'eau, à prendre en 24 heures ; mêmes observations pour l'acide chlorhydrique donné aux doses de 8 à 40 gouttes, trois ou quatre fois par jour. L'acide citrique est vanté comme ayant donné de très bons résultats aux doses de 1 à 3 onces par jour. Enfin, ce praticien dit que le chlorate de potasse a produit d'heureux résultats dans le traitement des chancres et des bubons, donné aux doses de 15 à 30 centigrammes, trois ou quatre fois par jour. Aujourd'hui un certain nombre de médecins, particulièrement en Allemagne, traitent ces affections avec ce dernier sel. Des malades, atteints d'accidents primitifs, ne virent apparaître aucun symptôme secondaire. Scott à Bombay, Alyon en France, Swediaur à Londres, ont répété, vers la même époque et avec le même succès, ces expériences qui avaient pour but de détrôner les préparations mercurielles, sans y parvenir, on va le voir bientôt. Ces auteurs ayant essayé de s'inoculer le virus syphilitique, en s'injectant un peu de pus de chancres indurés mêlé à une petite quantité d'oxyde de mercure, ne purent jamais faire naître la moindre trace d'infection, et conclurent que l'oxygène agissait chimiquement en détruisant les propriétés infectantes de ce virus (1). Les mêmes tentatives, essayées avec le virus variolique, ont produit le même résultat, tandis que les mêmes injections, sans mélange de médicament, ont amené tous les accidents communs à ces sortes d'affections.

Une tentative d'inoculation de la syphilis se fit à Florence sur trois médecins qui se prêtèrent à cette expérience ; des trois inoculés, un seul présenta des symptômes d'infection syphilitique. A la suite de ces résultats, on tenta partout des vaccinations syphilitiques, soit avec le sang d'infectés, vaccinations qui ne donnèrent que peu de résultats positifs ; soit avec le virus pris directement sur un chancre induré et

(1) Aujourd'hui la même théorie est admise concernant le traitement de la tuberculose.

même dans ce cas, on constata des résultats négatifs ; mais des expérimentateurs plus téméraires poussèrent la curiosité de l'art à vacciner, à leur insu, des enfants, des femmes et des hommes parfaitement sains afin de suivre la marche de la syphilis ainsi transmise ; malheureusement, cette syphilisation ne fit pas la renommée de tous les inoculateurs, car plusieurs furent poursuivis et condamnés à la prison, ce qui était fort juste, les lois n'admettant pas généralement que les expériences *in anima vili* s'étendent à l'homme. C'est particulièrement l'Allemagne qui s'est montrée sévère pour ces expériences.

Si la loi ne fixait pas une limite aux tentatives opératoires, on verrait des praticiens couper la tête à des clients pour s'assurer de l'état du cerveau. Il y a quelques années, les journaux ont jeté un cri d'indignation en désignant un médecin qui, dans un hôpital de Paris, eut la curiosité de voir l'effet d'une autovaccination carcinomateuse sur une jeune femme atteinte d'un cancer du sein ; ce praticien *s'amusa* à greffer sur l'autre sein une parcelle, imprégnée du terrible virus, qui donna un résultat *satisfaisant*.

Les syphiligraphes ont cherché dans les trois règnes de la nature des agents capables de guérir la syphilis et ses accidents. Tous les spécialistes ont déclaré avoir un remède efficace, ne contenant pas de mercure, mais il est démontré que, sur 200 recettes, 198 contiennent un sel mercuriel. Des praticiens, plus sincères, ont dit qu'il n'est pas plus possible de guérir la vérole sans mercure, que d'habiter un monde sans soleil.

Le célèbre Ricord a donné la préférence au *proto-iodure*, au *biiodure de mercure*, à l'*iodure de potassium* et à un amalgame d'or et de mercure, à l'intérieur ; à l'extérieur, il recommanda, pour la destruction des ulcères chancreux, la pâte *sulfo-carbonique*.

Le docteur Burggræve recommande le *protoiodure de mercure*, au centigramme, 5 à 10 par jour, contre les accidents secondaires, et le *biiodure* contre les accidents tertiaires.

Boinet emploie la tisane combinée de salsepareille, teinture d'iode et iodure de potassium.

Van den Corput, de Rome, traite les syphilitiques par les injections hypodermiques d'une solution de sublimé corrosif, de sel de cuisine et d'eau distillée.

Le docteur Dzondi donne le bichlorure de mercure, 14 milligrammes par jour.

Wrighston donne à ses malades la stéarine et le mercure combinés.

En Suisse, les médecins, tout en mercurialisant à outrance les avariés, font du charlatanisme officiel ; ils sont plus soucieux de palper de la galette que de guérir leurs clients.

Leur dévouement est admirable quand on songe que beaucoup, tout en se faisant payer fort cher, agissent comme ce chirurgien de la Chaux-de-Fonds qui, appelé à soigner une jeune fille de Lac-en-Villers, lui ouvrit le ventre et se retira oubliant de le recoudre.

La salsepareille, le gaïac, l'ecorce du *daphne mezereum,* la *lobelia syphilitica* ont été tour à tour recommandés comme dépuratifs et sudorifiques contre les maladies vénériennes.

Le docteur Rengade recommande l'iode naissant en un sirop tonique au pyrophosphate de fer citro-ammoniacal ; pour les soins externes, des lotions thymiques et le pansement des bubons ou autres engorgements par des frictions de pommade iodurée. Ce traitement est rationnel.

Comme moyen préservatif, certains praticiens ont proposé la syphilisation, dangereuse pratique qui inoculerait la syphilis à des sujets sains, sans autre profit ; les expériences faites à ce sujet ne permettent pas d'en douter. Pas un praticien n'oserait inoculer la syphilis à l'un des siens, et cette prudence en dit plus que tout le reste (1.)

Voici le traitement que je conseille :

Contre les accidents de la peau, prendre l'*iodure d'ars.*, au milligramme, un granule cinq fois par jour, ou des granules à base d'*iodure d'ars.*, d'*iodure de rubidium*, d'*hydrocotyle* et de *juglandine*.

---

(1) Le docteur Borne s'élève avec raison contre l'usage de tous les vaccins. En 1905, un grand nombre de personnes inoculées à la Chaux-de-Fonds, à la suite d'une légère apparition de variole, furent sérieusement malades et plusieurs même en moururent.

L'*iodure de strontium* est aussi recommandé : 5 grammes par jour.

Ce traitement suffit généralement, lorsqu'il est donné dès le début des accidents secondaires, mais il est nécessaire de le continuer pendant un mois ou deux. Avec la solution au *sulfure de chaux*, employée en frictions, les désordres visibles de la peau disparaissent rapidement. Cette solution se prépare ainsi :

> Chaux vive . . . . . , .   100 grammes.
> Soufre sublimé . . . .   200   —
> Eau. . . . . . . . , . . .  1.200   —

Deux frictions par jour.

Délayer dans l'eau le soufre et la chaux, mettre le tout dans un vase en fer ou en terre placé sur le feu ; porter le mélange à l'ébullition que l'on soutient en remuant, jusqu'à ce que la combinaison soit parfaite. Retirer le vase du feu et laisser refroidir ; décanter le liquide que l'on conserve dans des bouteilles. Des plaques squameuses, palpuleuses, tuberculeuses, ont disparu facilement.

Contre les complications plus tardives des accidents secondaires et tertiaires on prendra des pilules à base d'*iode* ou d'*iodure de strontium*, au centigramme, avec extraits de gaïac et d'hydrocotyle, 8 à 10 par jour.

Un jeune homme de 22 ans avait contracté une affection syphilitique avec une Africaine, à Oran ; de retour à Genève, il ne put jamais se débarrasser de cette affreuse maladie ; son corps, un véritable squelette, ne pouvait plus se mouvoir ; les jambes, couvertes d'ulcères d'un aspect repoussant, étaient immobilisées par l'arthrite syphilitique. Aucun espoir de sauver ce malheureux jeune homme ne semblait possible, et pourtant, après un mois de traitement, il put travailler et se porta bien.

Peut-on réellement guérir les syphilitiques, et en combien de temps? Beaucoup de praticiens sont pour la négative, d'autres pour l'affirmative. Les uns et les autres ont raison ! Plus un sujet attendra pour se traiter, moins il aura de chances de se guérir et plus il devra se traiter longtemps. La syphilis, à son début, pourra être traitée avec plein succès chez des sujets robustes non prédisposés aux affections comsomptives, chez lesquels le sang ne sera pas vicié par une autre cause. Pour la durée du traitement, les médecins ne sont pas d'accord ; les uns affirment que la syphilis exige un traitement mercuriel de trois ans au minimum, en alternant le mercure et l'iodure de potassium.

On est revenu aux frictions mercurielles comme moyen le plus sûr et le plus efficace, avec de l'*onguent napolitain* double ou triple, sur une surface charnue, limitée, du bras, de l'avant-bras, de la cuisse, etc., frictions que l'on fait régulièrement tous les deux jours, en ne frictionnant jamais deux fois de suite la même surface ; mais ce traitement provoque la *gengivite* et la *salivation mercurielles,* indices d'un empoisonnement que l'on combat par des gargarismes et l'absortion d'*iodure de potasse* (1) à hautes doses causant l'*iodurisme*, intoxication caractérisée par des taches rouges disséminées sur le corps.

Les nouveaux traitements recommandés sont capables de guérir les syphilitiques en quelques mois, sans danger pour leur constitution ou les fruits d'une conception, à la condition de se traiter dès le début de l'affection.

Les malades qui auraient plus de confiance aux préparations mercurielles pourront prendre :

1) Le *protoiodure de mercure*, au centigramme, avec l'*hydrocotile*, 6 granules par jour, contre les accidents primaires.

2) Le *biiodure de mercure* (même dose) contre les accidents secondaires, ou mieux l'*iodhydrargyrate d'iodure de potassium*, qui est des plus actifs. A toutes les périodes on peut prendre aux mêmes doses l'*Hæmol mercuriel ioduré* (2), qui a sur les autres mercuriaux de sérieux et réels avantages.

Le traitement par l'un de ces produits ne provoque jamais d'accidents, ni de salivation.

On a signalé des résultats rapides et durables d'injections intra-musculaires de sérum artificiel au bichlorure de mercure à doses intensives et éloignées, selon la méthode de J. Chéron.

---

(1) Donner la préférence à l'iodure de soude.
(2) Préparation mercurielle de Merck, combinée aux principes du sang,

La formule de ce sérum est :

| | | |
|---|---|---|
| Bichlorure de mercure... | 0.50 | grammes. |
| Chlorure de sodium.... | 2 | — |
| Acide phénique neigeux.. | 2 | — |
| Eau distillée stérilisée... | 200 | — |

L'auteur prétend que cette injection, faite dans la fossette fessière à l'aide d'une seringue spéciale, ne cause, faite lentement et non suivie de massages, ni douleur ni accident. La quantité de liquide à injecter est chaque fois de 20 centigrammes, ce qui représente 5 centigrammes de *sublimé*. L'injection doit être faite de huit jours en huit jours, et souvent quatre ou cinq injections sont suffisantes pour effacer les lésions syphilitiques. Selon les cas, on peut, sans inconvénient, porter la quantité du sérum artificiel bichloruré à *10 centilitres*. Il est à désirer que ce traitement, plein d'heureuses promesses, ne ressemble pas aux injections de sublimé pratiquées jusqu'ici en Suisse, car celles-ci causent des accidents aussi graves que l'affection que l'on prétend combattre.

On a recommandé aussi l'*ioda*. L'*iodol* intra et extra est une excellente et sérieuse préparation.

On a observé, dans les bains chauds, que des syphilitiques se guérissaient très bien à la suite de transpirations fréquentes.

Les accidents extérieurs infectants seraient empêchés en lavant les organes, après un coït douteux, avec une solution au 5/1000 de *sublimé corrosif*, soit 20 centigrammes pour un litre d'eau ; des compresses de ce liquide, appliquées sur les chancres, les font disparaître rapidement. Pour éviter toute contagion, faire laver les organes de la femme qui se donnera avant chaque rapport, une injection avec une solution de *fluorure d'argent* (0, 25 c. par litre d'eau). L'homme également, avant chaque rapport, s'enduira légèrement la verge avec un peu de *vaseline* ou mieux de *lanoline* contenant, pour 100 grammes, un gramme de *chinosol*.(Voir *Traitement des écoulements*.)

Les malades retireront de l'emploi de ces formules les plus sérieux avantages, en se mettant surtout à l'abri des plus graves contagions (1).

(1) Concernant le traitement des accidents syphilitiques, nous avons modifié avantageusement plusieurs formules qui donnent les plus heureux résultats.

## CHAPITRE V

### Des maladies vénériennes non syphilitiques. Ecoulements. — Leur traitement.

Lorsqu'un homme a copulé avec une femme non syphilitique, mais atteinte d'écoulement ou placée dans des conditions défavorables, il se manifeste souvent une inflammation des muqueuses génito-urinaires, avec écoulement puriforme auquel les anciens ont donné le nom de *gonorrhée* (écoulement de semence). Ce nom pouvant être appliqué confusément à la *spermathorrhée*, la *prostatorrhée*, etc. Swediaur l'appela *blennorragie* (écoulement de mucus).

Appelée aussi *dysuria venera, chaude pisse, écoulement, ardeur, coulante*, on donne spécialement le nom de blennorragie à l'inflammation aiguë du canal de l'urètre (urétrite), du gland (balanite) et du prépuce (posthite) chez l'homme ; du vagin (vaginite), de la vulve (vulvite) chez la femme, avec écoulement muscoso-purulent de ces organes. Quand la blennorragie passe à l'état chronique, on lui donne le nom de *blennorrhée*.

**Urètrite.** — (Inflammation du canal de l'urètre). Chez l'homme et chez la femme, cette inflammation est causée par des excès sexuels ou de table ; dans ce dernier cas, la diète, le repos et des boissons adoucissantes suffisent pour la faire disparaître, il en est de même d'un excès d'acidité des urines que l'on corrigera par l'eau bicarbonatée ; les plaies et les cautérisations au *nitrate d'argent* (voir rétrécissement) sont des causes d'urétrite. Le virus blennorragique, qui a son siège de prédilection dans le canal de l'urètre, est la cause la plus commune de l'inflammation de ce canal où se produit la première manifestation de l'infection dont nous verrons le progrès des symptômes.

Quelles que soient les causes de l'*urétrite*, celle-ci avorte souvent sans laisser d'autres complications qu'un prurit et une douleur cuisante passagère, d'autres fois, elle ne laisse pas trace de plaie ni d'écoulement, mais elle est le point de départ de complications auxquelles on ne prête pas assez d'attention ; comme preuve voici une lettre fort curieuse qui démontre que l'ignorance et la bêtise se sont données la main pour juger et traiter un cas d'infection assez rare ; car, sur des milliers de cas observés, c'est le seul de ce genre qui m'a été signalé (octobre 1900) :

« Il y a 2 ans 1/2, j'ai eu des rapports avec une femme et dès le lendemain j'éprouvai à l'orifice de l'urètre un picotement dont je ne m'inquiétais guère ; mais peu à peu il devint plus intense et une semaine après j'éprouvai une douleur cuisante dans tout l'intérieur de l'urètre, douleur qui gagna bientôt les testicules; j'avais de fréquentes envies d'uriner, sans que l'urine augmentât mes souffrances. Je pensais avoir contracté une blennorragie, mais ne remarquant jamais le moindre écoulement je négligeai de voir un médecin. Les douleurs, accompagnées d'une chaleur intense dans les jambes et les hanches, durèrent environ trois semaines ; puis elles disparurent peu à peu, ne ressentant qu'une faible douleur à l'aine et à la jambe droite. Je consultai alors un médecin, sans lui avouer l'origine du mal, de peur d'un traitement mercuriel.

« Il m'ordonna des bains de son et des frictions d'Opodeldoch qui firent disparaître la douleur à la hanche, mais celle à l'aine persistant, j'écrivis à un médecin du « système naturel », qui traite les maladies secrètes par l'eau. Il me répondit que j'avais la *syphilis* et m'ordonna un régime strictement végétarien, avec privation de thé, café et de toute boisson alcoolique ; lavages à l'eau froide, bains de vapeur tous les deux jours. Je suivis ce traitement environ quatre mois ; au bout de ce temps, il se déclara une éruption rougeâtre sur les cuisses, les hanches, le bas-ventre, avec tendance à se généraliser.

Je m'adressai à nouveau au médecin que j'avais consulté en premier lieu ; il me dit : que ce n'était rien et m'ordonna des bains de son suivis de lavages au *sublimé*. Dix jours après, l'éruption avait complètement disparu sans laisser aucune trace. Quelque temps après une douleur se déclara dans le testicule gauche. Je m'adressai alors à un pharmacien qui me vendit un litre de sirop dépuratif, *aux plantes alpestres*, que je devais prendre pendant trois mois simultanément avec des pilules *toni-ferrugineuses* et des pilules contre les plaques muqueuses que je n'ai jamais eues. Dans le courant du troisième mois de ce traitement, une inflammation des gencives se déclara tandis que la douleur dans le testicule persistait. Le médecin que je consultai de nouveau me dit que j'avais « une *stomatite*, mal fréquent provenant de l'esto- « mac »; il me fit badigeonner avec une solution de « sulfate de cuivre », mais l'inflammation ne disparaissant pas, j'écrivis à un spécialiste de la Suisse allemande qui me répondit : que mon état était le résultat d'un faux traitement, que je n'avais pas la syphilis; plus tard il admit que c'était un cas secondaire ! Il me garantit une guérison prompte et certaine par son traitement qui consistait en trois espèces différentes de gouttes brunes à prendre avant et après les repas; en pilules à prendre, une avant le dîner et une deux heures après le souper; en tisane dépurative, à prendre une tasse avant le coucher; enfin, une pommade jaune comme le soufre pour frictionner le testicule douloureux. La guérison, disait-il, devait se faire en dehors par une éruption qui ne s'est jamais produite. Je devais en outre me gargariser avec une solution de « chlorate de potasse et d'alun » et prendre un bain russe par semaine suivi d'une douche très froide. Je suivis ponctuellement ce traitement pendant cinq ou six mois sans remarquer d'amélioration et je l'abandonnai.

« J'allai consulter un herboriste-uromane, à Lausanne, qui dit pouvoir me guérir par sa tisane. J'en ai pris douze paquets sans résultat.

« Mon état actuel est celui ci : douleurs intermittentes dans le testicule gauche ; inflammation de la bouche et des gencives, surtout intérieurement ; dans la gorge, inflammation et éruption de taches rouges qui s'étendent sous la partie libre de la langue et ces parties sont quelquefois le siège d'une sensation de brûlure douloureuse qui se fait sentir jusqu'aux lèvres et à la pointe de la langue ; plus rarement, j'ai des douleurs lancinantes dans la gorge, semblables aux névralgies, etc. » Ce sujet fut atteint d'*orchialgie* et de *pyrodermie* vénérienne.

OBSERVATIONS. — La maladie de ce sujet débuta par une urétrite caractéristique limitée d'abord au méat urinaire pour s'étendre à tout le canal ; mais il n'y eut aucun écoulement, donc pas d'ulcération, et cependant il y eut une infection, soit que la femme ait eu une ancienne vaginite ou une blennorrhée au virus assez atténué pour ne pas provoquer d'écoulement, mais assez actif encore pour provoquer une autovaccination dont l'influence, exercée d'abord dans le tissu musculaire des membres inférieurs, s'est réfléchie sur les nerfs sensitifs de ces parties, causant une *orchialgie* ; aussi voyons-nous un médecin, tant qu'il ignore l'origine du mal, ordonner des bains de son et des frictions, avec un baume bien connu, qui font disparaître les douleurs de la hanche. Le malade s'adresse à un autre médecin et nous assistons à des complications de *nature médicamenteuse* et à une intoxication mercurielle.

Dans ce cas, l'ignorance et la routine se donnèrent la main pour altérer la santé du sujet.

Un traitement rationnel défervescent et antinerveux, un gargarisme antiseptique, des frictions menthollées et des bains sulfureux firent disparaître promptement tous les accidents.

La *leucorrhée*, la *spermathorrhée* et la *blennorragie* furent connues des plus anciens peuples ; le Lévitique en parle clairement au chapitre cité ; des auteurs grecs, romains et arabes en ont aussi parlé dans un sens précis, mais c'est surtout au XVI$^e$ siècle que la blennorragie fit des ravages qui attirèrent l'attention des médecins.

**Blennorragie.** — Elle peut frapper toutes les muqueuses, l'anus, la bouche, le nez, les oreilles, les yeux. Que les personnes atteintes de blennorragie ne se frottent jamais les yeux après les pansements, car l'*ophtalmie blennorragique* qui en résulterait, pourrait causer la perte de la vue. Un homme avait la funeste habitude de se laver les yeux avec son urine ; or, un jour, après des rapports avec une femme malade, il continua ses lavages malpropres et peu après un écoulement se déclara, suivi de douleurs, dans les yeux qui furent le siège d'une inflammation, puis d'une tumeur hémisphérique, le *staphylôme total* qui rendit cet homme aveugle.

14.

**Causes.** — Beaucoup d'individus contractent des écoulements et se demandent où et comment? Les uns, pour avoir trop bu ou trop dansé ; les autres, par prédisposition ou sous l'influence d'une irritation quelconque, peuvent contracter une blennorragie. Les pertes blanches (leucorrhée), dont tant de femmes sont atteintes, sont une cause fréquente d'irritation, puis de contagion, lorsque ces pertes sont trop acides.

« C'est par milliers, dit A. Guérin, que l'on compte les jeunes filles qui ont la leucorrhée au moment où elles se marient. Combien y en a-t-il qui donnent la chaude-pisse à leur mari ? Si les fleurs blanches étaient absolument contagieuses, les hommes seraient forcés de renoncer à se marier dans les grandes villes, où les conditions hygiéniques développent de la leucorrhée chez la plupart des jeunes filles. »

Cependant, la contagion est presque certaine dans ces cas, si l'on abuse du coït.

« Lorsqu'on remonte, dit Ricord, de la manière la plus rigoureuse et par l'observation la plus sévère, aux causes déterminantes des blennorragies les mieux caractérisées, on est forcé de voir et de convenir que le virus blennorragique fait le plus souvent défaut. »

Le docteur Fournier avance que : « Pour une blennorragie qui résulte de la contagion, il en est trois au moins où la contagion (dans le sens précis du mot) ne joue aucun rôle. De ce que j'ai vu jusqu'à ce jour, il résulte pour moi que l'homme est plus souvent coupable de la blennorragie que la femme dont il semble la tenir ; il se donne plus souvent la chaude-pisse qu'il ne la reçoit. »

Voici un cas de blennorragie qui doit mettre en garde contre les ébats amoureux après une longue course en *vélo* : Un homme d'une trentaine d'années, après une course de quelques heures, eut avec sa femme deux rapports assez rapprochés ; quelques jours plus tard un écoulement se déclara, sans douleur, de sorte que le sujet ne se doutant de rien, eut une relation avec sa femme, qui fut bientôt atteinte elle-même d'une blennorragie. Dans ces circonstances, l'homme se l'est donnée, puis, à son insu, la communiqua à son épouse.

Nul doute que l'échauffement d'un côté et l'état particulier des organes de la femme (leucorrhée acide) aient provoqué cette double infection.

Un homme peut contracter une urétrite avec une femme affectée de leucorrhée, d'un catarrhe utérin, ayant ses règles, après l'accouchement, ou s'il est ivre, mais rarement il contracte la blennorragie virulente, si elle n'a pas été infectée. J'ai connu une jeune femme mariée, de bonne constitution, qui ne pouvait être touchée de son mari sans le gratifier d'un écoulement, preuve que des constitutions y sont prédisposées, même après un coït normal, car cette femme n'avait pas de leucorrhée apparente.

Un homme marié m'écrivit : « Il y a environ deux mois, j'ai ressenti un malaise dans tout le corps et quelques douleurs pour uriner ; ensuite est venu un petit écoulement. Je ne savais à quoi attribuer cela, car je n'ai eu aucun rapport qu'avec ma femme, environ tous les 15 jours, et je ne fais pas d'excès de boissons. J'ai 55 ans ; j'ai supposé que ma femme, étant actuellement dans l'âge critique, cela pourrait avoir contribué en quelque manière au commencement de ma maladie. J'ai consulté un médecin qui m'a ordonné de prendre des capsules de *crême de copahu* ; j'en ai pris trois boîtes et j'ai discontinué. A de rares intervalles, je sens de vives douleurs dans les parties internes du ventre, et, ce qui m'inquiète, c'est l'écoulement qui n'est pas arrêté, etc. »

Un autre exemple est celui de plusieurs jeunes gens qui vont quelques instants avec la même femme sans contracter la même affection.

Un personnage contracta une blennorragie avec une jolie femme d'origine espagnole, dont le mari, un peu vieux, était à la campagne pour se délasser du souci des affaires officielles ; atteinte d'un catarrhe utérin chronique, elle se fit traiter en vain par des sommités médicales de Paris, de Saint-Pétersbourg. Le monsieur dont il s'agit était marié, ce qui prouve combien il est dangereux de donner un coup de canif accidentel dans le contrat.

Une jeune fille, domestique dans une maison bourgeoise, était la maîtresse d'un jeune homme riche ; de tempérament lymphatique, elle était traitée pour une irritation des muqueuses génito-urinaires. Cette fille avait eu l'imprudence de prendre un bain tiède ayant ses règles, ce qui les arrêta. A partir de ce moment, elle eut une vive irritation à la gorge, une extinction de voix et une leucorrhée abondante. Elle me fit la confidence que son amant la croyait atteinte d'une blennorragie, parce que lui-même avait contracté un écoulement et qu'il n'avait eu de rapports qu'avec elle. Je lui fis observer que son amant ne pouvait lui en vouloir, parce que, moralement, elle n'était pas responsable de cet accident. Malgré cela, ce jeune amoureux n'en avait pas moins contracté une blennorragie.

J'ai constaté plusieurs fois, qu'une femme peut contracter une vaginite avec un amant et communiquer une blennorragie à son époux.

Un mari qui contracta un écoulement avec sa femme, me dit : « Ce qu'il y a de singulier, je n'ai eu de relation qu'avec ma femme, et elle croit que je la trompe ! Je suis, je le sais, très délicat de ce côté, et mon tempérament lymphatico sanguin doit bien y contribuer. »

La dame de ce malade, brune et de bonne constitution, avait une leucorrhée virulente, cause évidente de l'affection.

On voit avec quelle facilité une irritation des organes génitaux peut provoquer un écoulement ; à beaucoup de personnes, manifestant une grande surprise aux premiers accidents vénériens, on pourrait faire cette réponse de Ricord à certaines pécheresses cherchant une excuse : « Pendant que vous y êtes, dites que vous avez attrapé ça en faisant de la décalcomanie. » Ricord a donné cette formule : « Voulez-vous, dit-il, attraper la chaudepisse ? — Les moyens sont faciles :

Prenez une femme lymphatique, pâle, blonde plutôt que brune, aussi fortement leucorrhéique (1) que vous la pourrez rencontrer ; dînez de compagnie, débutez par des huîtres et continuez par des asperges ; buvez sec et beaucoup : vin blanc, champagne, café, liqueurs, tout cela est bon ; dansez à la suite de votre repas et faites danser votre compagne ; échauffez-vous bien et ingérez force bière dans la soirée ; la nuit venue, conduisez-vous vaillamment ; deux ou trois rapports ne sont pas de trop, et mieux vaut davantage ; au réveil n'oubliez pas de prendre un bain chaud et prolongé ; ne négligez pas non plus de faire une injection. Ce programme, rempli consciencieusement, si vous n'avez pas une chaudepisse, c'est qu'un Dieu vous protège. »

Il y a des cas malheureux pour des victimes, et comme il s'en présente assez souvent, j'en citerai un pour montrer à quels dangers on peut être exposé : Une jeune femme blonde et riche s'était mariée par caprice à un jeune homme sans fortune (les deux donnaient l'âge de 39 ans). Un soir un individu entra dans le ménage et, ne trouvant que la femme assise sur un canapé, demanda le mari pour lui transmettre une commission ; il prit place à côté de la jeune femme, en attendant la rentrée de l'époux, et sans autre forme de procès il eut une relation intime avec cette femme qui n'opposa aucune résistance, bien que c'était la première fois qu'elle voyait cet homme. L'infidèle contracta une blennorragie qu'elle communiqua natu-

(1) Ayant des pertes blanches. (Voir : *Leucorrhée*).

rellement à son mari qui ne savait ce qu'il avait. Connaissant la cause et les circonstances de cette contagion, je tâchai, ce qui était mon devoir, de le persuader qu'il était fautif et j'invoquai à l'appui de ma thèse, la possibilité, qu'ayant trop bu, il avait contracté l'écoulement avec sa femme atteinte de leucorrhée. Deux mois après un divorce séparait ce jeune couple.

Tous les excès peuvent contribuer à faire naître la blennorragie chez des sujets physiquement prédisposés, même quand ils n'auraient connu que des femmes sans indisposition apparente. Un homme de 77 ans contracta une blennorragie avec une femme qui n'eut aucune affection ; c'est le grand âge du sujet qui fut en cause dans ce cas.

**Symptômes.** — La blennorragie se déclare quelquefois deux jours après un coït impur ou trop prolongé ; souvent il s'écoule un temps plus long, qui peut comprendre huit jours. On a vu des exceptions remarquables à cette règle ; car des individus n'ont vu apparaître les premiers symptômes de la blennorragie que 20, 26, 30 jours et davantage, après l'infection. Ordinairement, les premiers symptômes de la blennorragie se manifestent, du quatrième au sixième jour, par un prurit localisé au bout du pénis ou dans l'étendue du canal de l'urètre (urètrite), avec sensation de chaleur et de douleur, principalement pendant l'émission de l'urine ; un suintement léger, d'abord clair, accompagne ce travail inflammatoire, puis il augmente rapidement en prenant une consistance épaisse et jaunâtre qui se montre dès que l'on presse l'extrémité du gland. L'intensité des symptômes augmente jusqu'au douzième, quinzième, quelquefois vingtième jour ; les douleurs sont plus vives, le mucus est jaune-verdâtre ; le malade urine avec beaucoup de peine, ce qui lui fait dire : *qu'il pisse des lames de rasoir*. Assez souvent l'inflammation s'étend aux testicules (orchite blennorragique), les érections, très douloureuses, augmentent les souffrances, et l'organe recourbé a reçu le nom de *chaudepisse cordée*. Avec des soins intelligents, la blennorragie perd insensiblement son caractère aigu, pour s'éteindre complètement ; si elle persiste pendant plusieurs mois, elle peut s'éterniser et devenir chronique sous le nom de *blennorrhée* ou *goutte militaire* que des individus gardent plusieurs années, quelques-uns toute leur vie.

Le pus blennorragique perd sa virulence avec le temps ; abandonnée à elle-même, la blennorragie, dans la majorité des cas, se termine par résolution ; traitée par des moyens rationnels, l'hygiène aidant, elle ne s'aggrave jamais ; c'est faute de soins ou à la suite de tâtonnements qu'elle passe à l'état chronique.

**Goutte militaire** (suintement habituel). — L'écoulement, d'un blanc laiteux, contient des filaments qui font le tourment des malades cherchant avec anxiété la présence de cette gouttelette, en comprimant le pénis dans toute sa longueur ; ils examinent avec attention leurs urines où nagent ces filaments. Ceux qui ont cet écoulement infectent rarement une femme, le virus blennorrhéique étant très atténué ; cependant, j'ai vu de jeunes femmes contracter une blennorragie aiguë dès le premier rapport avec des hommes atteints d'un suintement habituel, ancien.

« Des malades, dit M. Fournier, font de cette goutte uréthrale l'objet de leurs préoccupations constantes ; ils l'épient, ils la cherchent à chaque instant du jour ; ils se découragent, essaient de cent remèdes, et finalement tombent dans un véritable état de désespoir. Souvent la mélancolie s'empare des malades, qui, obsédés par les idées les plus tristes, finissent par se suicider.

« Le suintement uréthral, dit Desruelles, est une affection grave qui s'enracine de plus en plus avec les années, qui répand son influence sur l'organisme entier, qui peut empoisonner les premiers embrassements d'une épouse et maculer les fruits d'une union légitime. »

L'écoulement peut attaquer, on l'a vu, toutes les muqueuses ; il a surtout une prédilection marquée pour les articulations ; l'arthrite blennorragique ressemble, à s'y méprendre, au rhumatisme articulaire.

TRAITEMENT DES ÉCOULEMENTS. — La majorité des praticiens admet qu'il n'est pas plus possible de guérir les écoulements blennoragiques sans copahu que la syphilis sans mercure.

Les anciens médecins, voyant dans les écoulements et la syphilis une cause commune, traitèrent les premiers comme la dernière, par l'emploi exclusif de préparations mercurielles. Le docteur Clarc inventa les injections vitrioliques qui eurent beaucoup de vogue au siècle dernier et jouissent encore d'une certaine faveur.

Voici une recette recommandée par les alchimistes du XVIe siècle : « Prenez des limaçons et des blancs d'œufs environ une livre de chaque ; des quatre semences froides, une poignée de chaque ; 15 grammes d'eau de laitue ; 120 grammes de térébenthine de Venise ; pilez tout ce qui ne peut être pulvérisé et laissez le tout ensemble pendant une nuit. Faites ensuite distiller avec quatre litres d'eau et ne vous servez de cet eau qu'après l'avoir laissée reposer quelque temps.

« Boire, le matin à jeun, 90 grammes de cette préparation édulcorée avec 5 grammes de sucre rosat. Vous n'aurez pas fait ce remède pendant neuf jours que vous serez parfaitement guéri, soit que vous soyez atteint de rétention d'urine ou de chaudepisse. »

Vers la fin du XVIIIe siècle, le docteur Webster, médecin à Edimbourg, communiqua le premier à la Société royale de Médecine de Paris des observations intéressantes sur le traitement des écoulements anciens par l'électricité. Ce praticien affirme, dans son mémoire, avoir employé ce moyen avec le plus grand succès dans des cas très invétérés de gonorrhée simple et virulente, en tirant des étincelles le long du raphé, partie saillante comprise entre le périnée (nom donné par les anciens à l'espace compris entre l'anus et les parties génitales, aujourd'hui défini d'une façon plus méthodique, et le scrotum (enveloppe des testicules) et près de la symphise de l'os pubis (l'une des trois portions du coxal, qui forme la partie antérieure du bassin ; c'est sur cette région, extérieurement, que naissent les poils, ce qui lui a valu ce nom). Quelques praticiens ont, de nos jours, essayé l'électricité pour le traitement de ces affections, mais sans en avoir, que je sache, consigné les résultats.

Les injections les plus répandues sont à base de sulfate de zinc, de cachou, d'extrait de saturne, d'acide tannique, d'alun, etc.

Dans le but de *couper* une chaudepisse, Ricord et d'autres syphiligraphes recommandent l'injection au nitrate d'argent (1/2 gramme pour 30 grammes d'eau), mais ce violent caustique cause très souvent des rétrécissements et des inflammations qui s'étendent aux testicules ; si l'on ajoute à cela les souffrances qu'éprouvent les malades à la suite de cette injection, on réfléchira longtemps avant de l'employer.

Le docteur Debray déclara dans un journal : « Qu'il connaît à Paris un charlatan à qui l'on aurait dû enlever son diplôme, parce que, dès le début d'affections bénignes en elles-mêmes, il procédait, pour en finir plus vite, par de telles injections de nitrate d'argent, que quiconque avait passé par ses mains, contractait infailliblement un rétrécissement du canal de l'urètre beaucoup plus grave que la maladie qu'il avait voulu guérir. » Malheureusement il y en a beaucoup comme celui-là qui sont des êtres nuisibles.

L'injection Ricord, la seule employée avec confiance

en Amérique, ne produit pas toujours des effets constants, elle est composée de :

  Sulfate de zinc. . . . . ⎱ āā 1 gramme.
  Acétate de plomb. . . ⎰
  Cachou. . . . . . . .   4 grammes.
  Eau distillée. . . . . .   200 —

Agiter avant de s'en servir et prendre trois injections par jour :

Ricord recommanda le copahu à hautes doses, dès le début de l'écoulement ; mais ce balsamique, à odeur pénétrante, à saveur âcre, irrite l'estomac et beaucoup de personnes ne peuvent le tolérer, de même que le cubèbe. On peut comprendre la répugnance des malades, condamnés à prendre vingt-cinq à trente capsules de copahu ou de cubèbe par jour. Quant à ceux qui prennent la potion de Choppart, s'ils ne gagnent pas le paradis, c'est qu'il n'y en a pas.

Beaucoup de médecins emploient cette injection de Rollet.

  Extrait de saturne. . . . .  4 gr.
  Sulfate de zinc. . . . . . .  40 centigr.
  Laudanum de Syden. . .  40 —
  Eau distillée. . . . . . . . .  200 gr.

Cette injection réussit assez bien au début des écoulements ; trois par jour ; les garder 5 minutes.

Voici l'injection de Eymin, de Vienne (Isère), appelée par l'auteur : « Eau de Meiny ».

Sulfate d'alumine. . . . . . 4 grammes.
— de zinc. . . . . . . . 3 —
— de cuivre. . . . . . 1 —
Chlorure d'ammonium. . . 1 —
Nitrate de potasse. . . . . . 1 —

Ajouter à un litre d'eau et se donner 4 5 injections par jour ; les garder de 6 à 8 minutes. Boire un litre ou deux, par jour, de tisane de chiendent et de racine de fraisier. Cette injection tarit des écoulements récents, mais rarement les écoulements chroniques.

Les injections Clerc, Reece Johnson, etc., les dragées Blot, les capsules Larrieux, Raquin, Mottes, le Santal Mydi, etc., réussissent quelquefois, mais j'eus souvent l'occasion d'entendre des malades se plaindre de drogues et dire : « Je n'en veux plus, c'est trop mauvais ; ça m'empêche de manger, etc. »

Le traitement des écoulements et autres accidents des organes génitaux par les *bougies* ne donne pas toujours des résultats sérieux et durables.

Des débauchés de profession recommandent pour se guérir, une bonne ivresse qui cause souvent la ruine de ceux qui s'y livrent. D'autres débauchés s'imaginent pouvoir se guérir d'une blennorragie en la communiquant à une vierge ou à un enfant et ne reculent devant rien pour exécuter leur criminel projet. C'est à un préjugé semblable que les Arabes affectés d'un écoulement croient s'en débarrasser facilement en forniquant avec des animaux.

Lorsqu'un homme ira avec une prostituée ou une

personne fortement leucorrhéique, il devra, avant le coït, lui faire laver les organes génitaux avec ce liquide préservatif du docteur Rodet, de Lyon.

>   Eau distillée. . . . . . 53 grammes.
>   Perchlorure de fer. . . 4 —
>   Acide citrique. . . . . 4 —
>   Acide chlorhydrique. . 4 —

ou avec notre injection préservative et curative (1) ; il serait bon aussi qu'il se donnât une injection, après chaque coït. Si, malgré ces précautions, l'écoulement apparaissait, il faudrait le combattre en neutralisant les urines par l'usage, dans la journée, d'un litre ou deux de tisane de chiendent, racine de fraisier, queues de cerises et bourgeons de sapin, 10 gr. de chaque pour 2 litres ; ajouter à l'infusion décantée 5 gr. de bicarbonate de soude par litre.

Le *benzoate de soude* est le neutralisant le plus sûr des urines. La constipation qui accompagne ordinairement la blennorragie étant un obstacle à une prompte guérison, on la détruira avec notre laxatif, deux cuillerées à café dissoutes dans un verre d'eau, le matin. Dès que les douleurs n'existent plus en urinant, prendre dix pilules à base de *Kava, de cubébine, d'acide tannique*, etc.

Contre l'arthrite blennorragique les bains d'air sec chaud procurent des guérisons rapides.

Nous recommandons surtout notre nouvelle injec-

(1) Voir à la fin du volume.

tion qui est cautérisante, antiphlogistique, calmante, préservative et curative; trois injections par jour à garder de 5 à 10 minutes suffisent ; si les premières injections sont un peu douloureuses, on les étendra d'eau, pour les reprendre pures dès qu'elles ne causeront plus de douleurs. La guérison est souvent obtenue en quelques jours. C'est le traitement le plus rapide et le plus sérieux, ce qu'a démontré plus de 25 ans de pratique (1).

Une injection, recommandée contre le suintement habituel, appelé *écoulement blanc*, consécutif à la blennorrhée, est la suivante :

> Chlorure de chaux. . . . 1 gramme.
> Eau de roses. . . . . . . 500 —
> Laudanum. . . . . . . . 2 —

Se donner quatre injections par jour.

Le docteur Larrieu conseille de faire, au début, une injection, deux à trois fois par jour, dans la portion antérieure de l'urètre, avec cette mixture : Glycérine

---

(1) Dans les précédentes éditions, l'auteur avait donné quelques-unes de ses formules, mais ayant su que des pharmaciens avaient abusé pour leur seul profit de ces préparations, nous avons résolu d'en faire profiter sérieusement et économiquement nos clients, trop souvent trompés et traités avec des liquides ne contenant que des sels de plomb (acétate), d'argent (nitrate) ou de potasse (permanganate), qui sont dangereux ; du reste, nous avons modifié avantageusement plusieurs formules, que nul pharmacien, jusqu'à présent, n'a eu la mission de préparer et de délivrer. (Voir la fin du volume).

boriquée saturée à chaud, 200 grammes ; chlorhydrate de cocaïne, 0 gr. 50 à 2 grammes.

A la période aiguë, même injection plus profondément (2 à 5) et prendre six capsules d'eucalyptol ou de térébenthine 3 fois par jour au moment des repas.

A la période de déclin, mêmes prescriptions et prendre, à jeun, 5 gouttes de liqueur de Fowler pendant un mois.

A signaler encore cette injection de Pasqua :

  Hydrate de chloral . . . . . .  1 gr. 50
  Eau distillée de roses . . . . .  120 —

Deux par jour, une matin et soir.

L'auteur fait observer que cette injection, douloureuse au début, fait bientôt place à une fraîcheur agréable, et que pendant les trois premiers jours qui suivent, l'émission de l'urine ne cause plus de douleurs, que les érections sont moins fréquentes, l'écoulement plus pâle, et qu'après huit ou dix jours, tout est fini.

Depuis les recherches microbiologiques, la chimie a découvert beaucoup d'antiseptiques dont on n'a que l'embarras du choix : *permanganate de potasse, sublimé corrosif, alumnol, argonine*, etc., pour arrêter la blennorragie en visant la destruction des gonocoques (microbes de la blennorragie), ce qu'on n'est jamais certain d'obtenir quand on s'y prend un peu tard. Les plus grandes chances de succès sont obtenues en commençant les lavages du canal de l'urètre, vingt-quatre heures après un coït infectant ;

le lavage le plus employé est au *sublimé corrosif* qui tue les gonocoques lorsqu'il est étendu de vingt mille fois son poids d'eau, ou cinq centigrammes de sublimé par litre d'eau ; on peut doubler et quadrupler la dose du principe actif ; admettons 20 centigrammes de sublimé par litre ; on mettra cette eau dans un irrigateur émaillé, à suspension, et à l'aide d'un tube en caoutchouc terminé par une canule de petit calibre possédant un ou plusieurs trous à son extrémité, on introduira celle-ci dans le canal de l'urètre et le liquide s'écoulant lavera toute l'étendue des parois internes avant de s'écouler au dehors ; en faisant ces lavages 3 ou 4 fois par jour, on aura la presque certitude de prévenir la contagion ou de guérir l'écoulement en quelques jours ; on pourra, dans le même but, employer la solution de permanganate de potasse de 1/4000 à 1/7000. Une irrigation quotidienne avec 3 litres de liquide donne de très bons résultats.

L'alumnol à 15/1000 est excellent pour tarir des suintements habituels.

Un produit sérieux, non caustique, quoique aussi actif que le *nitrate d'argent*, est l'*argonine* (albuminate d'argent) ; pour injections on l'emploie à 2, 3/100 ; excellent pour panser les plaies de toute nature, ne possède aucune odeur et ne provoque point de douleur ; double avantage pour les personnes atteintes de maladies secrètes.

On a vanté l'action rapide du glycérolé d'*airol*, dont les premières applications ont été faites en Suisse ; l'*airol*, dérivé du *dermatol*, est une poudre

15.

verdâtre, sans odeur ni saveur : la formule pour injection est :

Glycérine neutre.......... 30 grammes.
Eau distillée............. 10 —
Airol.................... 5 —

Elle agit aussi bien sur la blennorragie de l'urètre et de la vessie que sur la conjonctivite blennorragique mais elle n'est pas sans danger.

On a recommandé le *salosantal* (combinaison de salol, d'essence de santal et de menthe) à prendre 20 gouttes dans un peu d'eau sucrée, trois fois par jour.

On a signalé comme le plus puissant destructeur du gonocoque, la *largine* (combinaison d'argent) 0,25 centigrammes pour 1 litre d'eau, 3 injections ou lavages de l'urètre par jour.

Le *tachiol* (fluorure d'argent) est un microbicide remarquable n'offrant aucun danger ; la propriété qu'il a de tuer rapidement les microbes l'a fait rechercher pour traiter tous les écoulements.

Le *cédrol* et le *cédro-santal* n'ont pas des effets plus remarquables que les produits ordinaires.

Le *chinosol* donnerait de bons résultats, en lavage complet pendant une minute ou deux, à 2 gr. 50 pour 500 gr. d'eau.

Le *salicylate de mercure* tarirait les écoulements en 4 ou 5 jours. Cinquante centigrammes pour un demi-litre d'eau distillée suffiraient pour obtenir ce résultat ; 5 ou 6 injections par jour, en laissant chaque fois le liquide en contact avec les muqueuses une vingtaine de secondes. Les essais que j'ai faits avec ce produit ne sont pas concluants.

Si la blennorragie se complique de l'inflammation d'un testicule (orchite blennorragique), suspendre les injections, appliquer deux ou trois sangsues au périnée et soutenir les testicules à l'aide d'un suspensoir ; le plus commode et le moins coûteux consiste à découper un talon de chaussette que l'on fait border et auquel on coud deux cordons terminés à anses dans lesquelles passe un troisième cordon formant ceinture. (Voir plus loin : affections des testicules).

Il ne faut point étirer le pénis en le pressant, pour constater s'il en sort un peu de pus ; c'est un funeste procédé qui fait ouvrir les petites plaies du canal de l'urètre et peut éterniser l'écoulement.

Jusqu'à leur guérison, les malades se priveront de thé, de liqueurs fortes, de café ; boire du vin étendu d'eau ou de tisane, aux repas ; ne pas trop boire de bière ; s'abstenir du coït, des exercices d'équitation, de la danse et de tout travail pénible. Cette abstinence doit être rigoureuse durant la période aiguë. Pendant l'état chronique, il n'est pas nécessaire de changer son régime ordinaire ; s'abstenir, par prudence, de toute liqueur forte et ne pas abuser des autres boissons (1).

(1) Les marchands de poudres, de liqueurs, de potions, etc., qui promettent la guérison des écoulements récents, en quelques heures, ne sont que des exploiteurs ignorants, et lorsque vous lirez dans un journal quel-

Contre les inflammations des organes génitaux, les femmes se donneront une injection, matin et soir, qu'elles garderont de 5 à 10 minutes en s'y prenant de la manière suivante : Entourer d'un mouchoir, préalablement enroulé en forme de corde, l'extrémité d'un irrigateur qu'elles introduiront dans les organes en pressant d'une main le bourrelet contre les organes ; après avoir injecté le liquide, tirer la canule dont le bout viendra obturer le trou du mouchoir.

Dans le but de prévenir des contagions et surtout la fécondation, des hommes se servent de la vulgaire *capote anglaise* que Ricord appelle « un mauvais parapluie contre la pluie ou la grêle » ; car elle peut se déchirer. Dans le même but, des filles publiques emploient une éponge qui cache aussi leur indisposition mensuelle. Si la *capote anglaise* ne se déchire pas, elle peut empêcher de redoutables accidents ; mais sa fragilité la rend suspecte.

La spirituelle et charitable Mme de Staël qui connaissait, pour l'avoir supporté, ce mauvais préservatif, l'a condamné par ces paroles significatives et vraies, car la sensualité n'est pas interdite aux femmes distinguées : « C'est une cuirasse contre le plaisir et une

conque, l'annonce d'un remède devant guérir tous les maux, et que ce remède, à la suite d'un vœu, sera indiqué, vous pouvez être certain que ce vœu est de viser votre bourse. Du reste, toute spécialité, dont on veut faire une panacée, est un simple vol ; c'est une amorce pour prendre tous les gogos affligés.

toile d'araignée contre le danger », c'est-à-dire contre la fécondation et la contagion.

Des prostituées atteintes d'ulcérations vaginales se font introduire dans les organes un peu de sang pour simuler l'entrée dans une période menstruelle, ou se font appliquer sur l'ulcère un peu de taffetas rosé et l'œil le plus exercé ne découvrira rien ; la malade au lieu d'être mise en observation sera libre de contaminer autant de sujets qu'elle en recevra. En revanche des prostituées, pour se faire reconnaître malades, simulent des chancres avec la potasse caustique ; ce sont des tribades qui ont hâte d'aller tenir compagnie à des camarades enfermées à Saint-Lazare ou ailleurs.

Tout homme qui a des relations avec une femme, inconnue ou infidèle, étant exposé à contracter une maladie honteuse fera donner une injection à la femme avec une solution de *sublimé* au 1000ᵉ ou mieux de *chinosol* à 5 pour 1000 d'eau, et se laver la verge avec l'une de ces solutions. Le *chinosol* est un produit plus actif que le sublimé, sans être caustique ni toxique, il est donc important d'avoir à sa disposition un tel produit. (Voir la fin du chap. IV).

**Rétrécissement.** — Cet accident, consécutif à une blennorragie mal soignée, se reconnaît à la gêne pour uriner et à la lenteur de l'émission due à la diminution du liquide qui se divise, à la sortie du canal, en deux ou plusieurs jets.

Traitement. — Le plus efficace consiste à dilater graduellement le canal à l'aide d'une sonde flexible qui doit passer sans effort et sans douleur ; on doit la laisser dans le canal quelques minutes, 5 à 6 fois par jour, en introduisant graduellement des sondes d'un plus grand calibre. Le docteur Fort conseille comme le meilleur moyen, l'*électrolyse linéaire* que d'autres praticiens déconseillent.

**Cystite** (Inflammation de la muqueuse vésicale). Cette affection douloureuse provoque des spasmes intermittents dont l'intensité progresse pendant la période aigue, avec besoin fréquent d'uriner ; l'urine sort goutte à goutte, en produisant une douleur cuisante au col de la vessie, et peut s'étendre du canal de l'urètre jusqu'à l'anus et à l'abdomen ; le malade qui ne sait quelle position conserver est surtout tourmenté au lit. L'affection, si elle n'est combattue énergiquement, passe à l'état chronique (catarrhe vésical), ses complications deviennent alors, très compromettantes. Les causes de la cystite sont le refroidissement, l'inflammation des organes génitaux, les excès alcooliques et vénériens, la blennorragie, etc.

Traitement. — Boissons adoucissantes édulcorées avec du miel ; ajouter 10 grammes de bicarbonate de soude par litre ou mieux 5 grammes de benzoate de soude. Bains de siège.

**Affections des testicules.** — Les testicules sont, chez l'homme les vrais organes reproducteurs ; ce sont eux qui élaborent le *sperme* ; leur sensibilité est très grande et parmi leurs affections, particulièrement douloureuses, la plus commune est l'inflammation connue sous le nom d'*orchite* (1), généralement causée par une *blennorragie* ou des injections trop irritantes; dans ces cas, que l'inflammation ait frappé un seul organe ou les deux, les douleurs sont très vives ; on les combat par les sangsues, les cataplasmes émollients, les bains de siège, l'iode naissant, la compression méthodique, les frictions d'onguent mercuriel belladonné ; le repos le plus absolu, au lit, est indispensable pour obtenir un prompt rétablissement. Lorsque l'inflammation est due à une cause non vénérienne on lui donne le nom d'*orchidite* (2) ; dans l'un et l'autre cas il peut en résulter des accidents secondaires forts graves, tels que l'*atrophie* ou réduction des organes et l'*hypertrophie* ou augmentation considérable du volume des organes qui perdent alors leur pouvoir fécond ; quand l'*hypertrophie* devient gênante il faut enlever les organes malades. Beaucoup de personnes s'imaginent qu'un homme qui n'aurait qu'un testicule ne serait plus apte à la fécondation ; c'est une erreur ; un seul testicule sain est suffisant (le gauche ou le droit) pour remplir cette importante fonction. Lorsque les veines du testicule sont enflées elles se présentent sous la forme d'une corde qui aurait beaucoup de nœuds ; cet accident, consécutif aux inflammations testiculaires, peut amener l'atrophie de

(1) Voir : *Testicule syphilitique*, aux accidents tertiaires.
(2) Quelquefois cet accident, que l'on n'explique pas, est consécutif à la *parotidite* (oreillons).

l'organe ; on lui donne le nom de *varicocèle* (tumeur des vaisseaux). Le *varicocèle* traité au début par les émollients, le port d'un suspensoir et le repos, se complique rarement et disparaît totalement. On ne doit recourir à une opération que lorsque les complications sont graves et accompagnées de grandes douleurs que les moyens thérapeutiques n'ont pu vaincre.

La tuméfaction des vaisseaux du *scrotum* (enveloppe des testicules, vulgairement appelées *bourses* ou sac) porte le nom de *cirsocèle* et réclame les mêmes soins.

Le *sarcocèle* ou tumeur du testicule est d'origine cancéreuse ou syphilitique ; dans les deux cas, l'affection entraîne la dégénérescence de l'organe qui perd ses vertus prolifiques et le seul remède est l'ablation de l'organe.

Lorsque le *scrotum* est dilaté par une supersécrétion de liquide, c'est une hydropisie des bourses, désignée sous le nom d'*hydrocèle* ; une ponction suivie d'une injection tiède légèrement iodée en a facilement raison.

Les testicules peuvent être le siège de tumeurs, de *cancer*, de *fistules*, de *tubercules*, etc., mais chez les sujets sains, victimes de contusions ou de blessures à ces organes, il ne faut pas confondre les désordres dûs à ces accidents, avec une diathèse tuberculeuse, ce qui serait de l'ignorance.

Contre les divers accidents testiculaires, la pommade *iodolée* donne d'excellents résultats.

TRAITEMENT. — Dans les affections testiculaires,

contre les douleurs le *monobromure de camphre* et le *bromhydrate de cicutine* sont nettement indiqués ainsi que les injections chinosolées et cocaïnées ; seulement, c'est déplorable à constater, un grand nombre de médecins l'ignorent. Pour remonter l'organisme et parer à des complications redoutables on donne le *vanadate* ou le *cacodylate de fer* et un dépuratif.

*Accidents communs* aux organes de la femme :

**Leucorrhée** (pertes blanches). — Elle épuise beaucoup de femmes et de jeunes filles, particulièrement dans les grandes villes ; cet écoulement, ordinairement blanc, d'odeur fade, est sécrété par les muqueuses génitales. Les femmes chloro-anémiques, lymphatiques, délicates, celles qui abusent du café au lait, qui vivent dans des lieux humides, se serrent le corps dans un corset, font usage de chaufferettes et ne font point d'exercice, sont généralement leucorrhéiques.

Cet état cause des douleurs à l'estomac, des faiblesses, des névralgies, des digestions lentes et pénibles, un épuisement général et une anémie profonde, qu'il faut faire disparaître le plus vite possible.

Traitement. — Injections au chinosol, 5 grammes par litre d'eau, ou d'infusion de feuilles de noyer et d'écorce de chêne ; 15 grammes de chaque par litre d'eau. Prendre, le matin, notre laxatif de longévité et 8 à 10 granules par jour d'arséniate et de lactate de fer avec l'acide tannique (1).

(1) Beaucoup de femmes éviteraient de graves affections génitales si elles se lavaient souvent les organes avec de

Voici deux nouveaux cas d'écoulement contracté avec des femmes leucorrhéiques :

« J'ai depuis bientôt trois mois, date de mon mariage, un écoulement ; avant de me marier je n'ai eu aucune maladie de ce genre et je dois l'avoir contracté avec ma femme qui avait des pertes blanches, etc. »

« Ma femme a des pertes blanches, j'ai eu un rapport avec elle le 7 et le 10 septembre, soit depuis dix et six jours et il y a cinq jours que je perds un liquide verdâtre qui tache le linge et lorsque j'urine je souffre d'une sensation de brûlure (blennorragie et urétrite) ; lorsque j'ai des érections je souffre aussi beaucoup.

« J'ai été longtemps sans pouvoir avoir des relations avec ma femme et je n'en ai eu qu'une avec une autre femme, l'an passé, mais je n'en ai rien ressenti. Ma femme ne voulant plus d'enfants, je suis obligé de frauder en laissant écouler la semence dehors, ce qui me gêne beaucoup.

« Je dois vous dire que ma femme a eu aussi une relation avec un autre homme, l'an dernier, etc., etc. »

Cet abandon fut probablement la cause de la contagion ; car si les hommes contractaient des écoulements avec des femmes ayant des pertes blanches, ils seraient exposés, comme le chien, d'avoir la goutte blennorragique en permanence.

l'eau tiède contenant un peu de goudron ; car ces organes doivent être aussi propres que la figure et ne doivent répandre aucune odeur désagréable ; elles devront surtout éviter de se serrer la taille, cause fréquente de déviations de la matrice.

La femme abuse de sa matrice comme certains hommes abusent de leur estomac ; on n'a jamais tant vu de femmes et même de vierges râclées avec une ardeur inquiétante. Les praticiens devraient bien tempérer leur manie de râcler, et les femmes devraient bien s'y prêter avec moins de complaisance. Le curetage n'est ni curatif ni préventif ; dans toute maladie il faut attaquer la cause, or, la curette ne l'atteint pas.

Un pharmacien, dont la femme avait des métrorragies, se laissa persuader que le râclage de l'utérus pourrait seul la soulager et la guérir ; mais il aggrava son cas et je déconseillai ce moyen tout en lui indiquant un traitement qui réussit très bien.

Le comte de Maurepas aurait fait le quatrain suivant sur la voluptueuse marquise de Pompadour :

> La marquise a bien des appas,
> Ses traits sont vifs, ses grâces franches,
> Et les fleurs naissent sous ses pas ;
> Mais, hélas ! ce sont des *fleurs blanches !*

Beaucoup de femmes sont comme la marquise !

**Vulvite**. — La vulve, première ouverture des organes génitaux, est formée, de chaque côté, par les grandes lèvres ; aussi commune chez les enfants que chez les adultes, la *vulvite* est due à la malpropreté ou à une irritation quelconque, quand elle n'est pas causée par une blennorragie. Très douloureuse à cause des contractions qu'elle provoque, on la traite avec succès, par des lotions adoucissantes, des bains de siège émollients, des irrigations au *chloral boraté* ou au *chinosol* et par le *camphre monobromé*.

**Vaginite.** — Le vagin fait suite à la vulve ; c'est le canal par lequel se fait l'écoulement menstruel et où s'opère l'union sexuelle. Cet organe, très délicat, peut être mal conformé, étroit, dévié, cloisonné par des membranes ; il peut être le siège d'une inflammation, d'ulcérations, etc. Il faut rechercher avec soin la cause de la *vaginite*, car, négligée, elle se complique de désordres graves accompagnés de ténesmes (spasmes) qui s'irradient à l'anus et à la vessie ; la *vaginite simple*, presque toujours liée au catarrhe utérin, réclame les mêmes soins que la vulvite ; cautériser les ulcérations avec une solution d'*argonime*.

Le *vaginisme* est une des causes de stérilité qui font le désespoir des malades et des allopathes.

**Métrite** (Inflammation de la matrice). — L'*utérus* ou matrice est une petite poche très dilatable, de la grosseur et de la forme d'une petite courge renversée ; c'est là que se féconde et se développe l'œuf humain. Cet organe important est le siège de nombreuses affections dont la plus commune, la *métrite* (catarrhe utérin) est caractérisée par des douleurs vives, dans le bas-ventre, qui s'étendent jusqu'à la région rénale ; l'inflammation peut gagner le péritoine et donner une *métro-péritonite*, affection grave et dangereuse qui demande des soins énergiques et rapides. La métrite s'accompagne toujours à l'état aigu et à l'état chronique de pertes plus ou moins abondantes, de consistance et de couleur variant d'un liquide clair et blanc à un liquide épais et verdâtre.

La métrite, accompagnée de *leucorrhée* est dite

*glandulaire* ; lorsque les pertes sont sanguinolentes, on la dit *hémorragique*. Dans sa période aiguë, si elle est bien soignée, elle est vite dissipée ; mais si elle passe à l'état chronique la cure est plus longue et plus difficile, car la *métrite chronique* se complique d'*ovarite*, de *dysménorrhée* et de *salpingite* (inflammation des trompes de Fallope). Dans ces cas, il y a des coliques, de la constipation, de la dyspepsie et des troubles nerveux qui font le désespoir des malades et des médecins.

Contre ces affections, suivre les traitements conseillés et faire les injections comme il est indiqué à la page 264.

La déviation de l'*utérus*, en haut, en bas, à gauche ou à droite, est une cause d'infécondité que l'on corrige par un massage intelligent ou par l'introduction d'un appareil spécial.

**Ovaire.** — L'ovaire, placé de chaque côté de l'extrémité supérieure de l'*utérus*, élabore les *ovules*, petits œufs microscopiques propres à la fécondation ; l'ovaire élabore les ovules comme le testicule élabore le sperme, liqueur qui est, chez le mâle, l'élément des spermatozoïdes et dont une goutte contient des milliers ; de même, la femme possède plus d'un million d'ovules, ce qui a fait dire à un illustre professeur : *qu'elle n'a rien à envier à la carpe !* En effet, si tous les ovules de la femme étaient fécondés à la fois, l'humanité se propagerait comme les poissons, ce qui nécessiterait une destruction périodique, la terre n'étant pas appropriée pour un tel accroissement.

L'*ovarite* (inflammation de l'ovaire) peut frapper un seul organe ou les deux à la fois ; dans le premier cas elle est simple, dans le second elle est double. Le traitement est le même que celui de la *péritonite*.

L'ovaire peut être atteint d'atrophie, d'hypertrophie, de tumeurs, d'abcès multiples, de kystes ; dans ce dernier cas, le ventre se développe considérablement, comme chez les hydropiques.

Au début, une médication appropriée peut donner de bons résultats, mais il est rare qu'il ne faille pas recourir à l'art chirurgical.

Après ces données, nous allons parler des troubles de la menstruation :

**L'aménorrhée** (cessation ou privation des règles) a un grand nombre de causes indirectes : profond chagrin, émotion vive, transition brusque de température, douleur aiguë, ingestion de boissons glacées, ayant chaud, contusions sur les seins.

Dès qu'une jeune fille a atteint l'âge de puberté, elle est formée ou apte à la fécondation ; cette aptitude se manifeste par une perte de sang périodique plus ou moins abondante, d'une durée plus ou moins longue ; une femme *qui ne voit pas ses règles* est inféconde, elle peut l'être encore, même étant parfaitement réglée, mais par des causes différentes ; si l'*aménorrhée* n'a pas pour origine l'atrophie ou l'absence des ovaires, elle est liée à l'anémie et il suffit dans ce cas d'enrichir le sang pour ramener les organes à des fonctions normales. Il est à remarquer que dans toutes les maladies graves, les règles cessent ; dans la scrofulose, la chloro-anémie, la phtisie, etc., l'*aménorrhée* est fréquente.

A toute femme faible, anémique, se plaignant d'un retard récent, il n'y a pas un médecin qui n'ordonne des gouttes, capsules, injections plus ou moins dangereuses ou efficaces, ce qui vaut mieux que les manœuvres criminelles auxquelles se livrent tant de praticiens, manœuvres qui ont fait arrêter, en janvier 1900, les docteurs F., Pf. et C. à la Chaux-de-Fonds (1). Si l'on voulait arrêter tous les opérateurs de ce genre, on formerait un beau régiment ; j'en ai maintes preuves en main. Si ce pauvre docteur Favre avait été en France, on l'aurait mis à l'ombre, ainsi que ses complices et ses victimes, pour quelques années.

Ce qui prouve que ce praticien original n'était pas absolument détraqué, c'est qu'il réussit à se faire élire à la députation ; il est vrai que sa noire ingratitude le perdit et que ses amis l'abandonnèrent.

Pourquoi, dans ce triste cas, avoir eu deux poids et deux mesures ?

Des personnes, on l'a vu, se soignent pour un retard, sans résultat.

(1) Le docteur C... fut condamné, en mars 1900, à trois ans de reclusion et dix ans de privation de ses droits civiques et le docteur Pf... à un an de reclusion, dix ans d'interdiction de pratique médicale et dix ans de privation de ses droits civiques. Le docteur Favre, déclaré intellectuellement irresponsable, fut acquitté et mis en liberté ; mais il lui fut interdit de pratiquer la médecine. Quant aux solliciteuses elles ne furent pas inquiétées, selon la peu louable coutume des juges.

Une dame de N... m'écrivit : « Une très pauvre fille est enceinte de trois mois et ce serait une grande charité que de lui faire revenir ses règles ; elle est si malheureuse ! Je me souviens que le docteur P. du Locle donnait des gouttes à ma belle-sœur et cela revenait tout de suite. » Ces gouttes n'étaient probablement que de l'*ergotine* d'Yvon.

J'exprimai à cette dame le regret de ne pouvoir intervenir dans ce cas intéressant.

Contre l'aménorrhée un traitement simple et inoffensif réussit 90 fois sur 100, lorsque le retard est récent ; car lorsqu'une femme a la certitude d'être enceinte, elle ne doit rien tenter pour détruire un fruit qu'elle a consenti à former, en s'y exposant sans prudence ; cependant des personnes ne reculent devant rien pour combattre un effet voulu. Une dame, qui essaya vainement différents remèdes pour corriger un retard, m'a écrit : « Si vous ne pouvez rien, je me verrai alors obligée de faire ce que j'avais fait une fois, mais que j'avais juré de ne plus faire, ayant été *six mois au lit*, ayant eu le sang empoisonné ; c'est en prenant du *plomb râpé* (1) dans de la mélasse, avant chaque repas. J'ai cru en mourir, mais j'essaierai quand même, etc. » J'ai montré à cette malheureuse la voie fatale où son désespoir l'engageait ; j'en ignore le résultat.

(1) Contre l'empoisonnement saturnin donner du sulfate de magnésie et de la limonade sulfurique, après avoir fait le lavage stomacal le plus tôt possible après l'intoxication.

On ne peut imaginer le nombre de femmes qui meurent ou sont malades toute leur vie, d'avoir absorbé des drogues dangereuses, aussi ne saurait-on trop engager celles qui ne veulent être fécondées à aucun prix, d'employer le moyen simple et sûr que je conseille.

**Dysménorrhée** (pertes de sang douloureuses). Cet état, qu'il soit lié à la congestion du col utérin ou à une névralgie des ovaires, *oophoralgie*, provoque des douleurs violentes, plus pénibles souvent que celles qui accompagnent l'accouchement. Des jeunes filles, des femmes, gardent plusieurs jours le lit et se tordent. Un grand nombre de femmes sont tourmentées par la *dysménorrhée* et ne font rien, persuadées que ce serait inutile ; il est pourtant facile d'empêcher ces souffrances.

**Hystérie.** — Cette névrose génitale se manifeste par des accès irréguliers. Les femmes qui en sont atteintes éprouvent la sensation d'une boule qui, partant de la matrice, remonte vers l'estomac, s'accompagne de chaleur ou de froid intense, puis s'irradie à la poitrine et au cou en provoquant de la suffocation. Les hystériques ne sont pas des sujets à épouser, car elles se jettent dans les pires aventures et sont irresponsables lorsqu'elles ont des crises ou fureurs utérines (nymphomanie), dangereuses pour les hommes exposés à les essuyer ; elles épuisent la vie des plus forts comme une éponge épuise l'eau contenue dans un vase. Les hystériques sont comme des chiennes qui, étant toujours en chaleur, ont besoin d'être toujours couvertes ; avec ces femmes les maris les plus doux et les plus ardents sont trompés, la plus grande surveillance ne déjouant pas les ruses de ces névrosées pour assouvir une passion qui peut les épuiser, sans jamais les satisfaire. Les causes provoquant l'hystérie sont la vue de tableaux nus ou des lectures lascives, la jalousie, un amour contrarié et tout ce qui peut exalter l'imagination de nature trop nerveuses.

L'hystérie se manifeste généralement de l'époque où la femme est formée (15 ans) à celle où elle est dans toute sa splendeur (30 à 35 ans). Le mariage est loin d'être un correctif ou un calmant de cette affection ; cependant les femmes qui ont une forte constitution deviennent quelquefois très calmes dès le début d'une union bien assortie.

Le traitement doit consister à suivre les règles de l'hygiène : lavages, bains, douches ; régime adoucissant (éviter tout excitant physique et moral). Prendre du *bromure de camphre* et le soir du *citrophène* ; ce dernier produit est un puissant calmant qui a une action bienfaisante sur le cerveau.

Charcot a obtenu des résultats heureux en provoquant une détente nerveuse violente par la suggestion et le simulacre de l'orage.

**Métrorragie** (pertes abondantes de sang). — Ces pertes épuisantes sont combattues avec l'*ergotine*, l'*hydrastine*, quelques *sels de fer*, le *tannate de cannabine*, la *stypticine* ; si la *métrorragie* a pour cause le cancer, on ajoute le *bromhydrate de cicu-*

*line*. Des injections de *rénaline* réussissent rapidement.

Des femmes ont des pertes incomplètes ou nulles, elles ont alors des vomissements de sang ou des saignements de nez aux époques mensuelles. Cette anomalie est la *ménoxénie* (règles supplémentaires). La nature, trouvant un obstacle d'un côté, s'ouvre une voie d'un autre; il y en a qui, avec les apparences de la santé, sans éprouver de grandes douleurs, ressentent des malaises, atteintes qu'elles sont d'*hémostase* ou arrêt plus ou moins long du sang, généralement dû à une anomalie des ovaires ou de l'utérus ; tantôt ces personnes ont de violentes hémorragies de 2, 3, 4, 5 et même de 6 mois en 6 mois, n'éprouvant aux époques mensuelles normales qu'un peu de chaleur locale et des pertes blanches ou rosées plus ou moins abondantes.

On corrige ces défauts chez beaucoup de sujets.

**Ménopause** (âge critique, retour d'âge). — La cessation des règles a lieu de 40 à 55 ans, ordinairement ; c'est alors que la femme, délivrée des charges de la maternité, ne pare pas les bouleversements dus à la suppression définitive de son sang ; elle éprouve une foule de malaises et de troubles ; elle a des vertiges et devient obèse, sans rien faire contre ces perturbations qui abrègeront sa vie ; souvent même, dans cette période, la femme éprouve des désirs impérieux qu'elle satisfait d'autant plus volontiers qu'elle sait n'avoir plus rien à craindre et il en résulte des abus funestes.

Les organes sont quelquefois le siège de démangeaisons insupportables qui font le désespoir des malades (*prurit anal et vulvaire*). La médecine classique se déclare impuissante à combattre efficacement ces désordres qui sont pourtant faciles à détruire par des lavages au *chinosol* et un traitement interne approprié. Prendre, tous les trois jours, une cuiller à soupe de notre laxatif ; et chaque jour trois ou quatre granules de vératrine ; bains de siège sulfureux deux fois par semaine.

Par ces moyens, les dames conserveront jeunesse, fraîcheur et force ; *les maladies n'auront aucune prise sur elles.*

**Stérilité.** — On a vu, au chapitre II, les causes de la dépopulation ; les unes voulues (manœuvres frauduleuses) ; les autres involontaires.

Une foule de troubles fonctionnels entretiennent la stérilité liée à des causes étudiées qu'il suffit de ne plus mettre en pratique pour recouvrer les dons de la fécondité, ou à des états pathologiques plus ou moins graves dont quelques-uns sont irrémédiables, comme la non-existence de spermatozoïdes dans le sperme, l'atrophie testiculaire complète, le défaut ou l'atrophie des ovaires ou de l'utérus, etc., mais il y a des causes de stérilité corrigibles, si fréquentes, qu'elles entrent en compte 75 fois sur 100.

La première condition de fécondité est la vitalité des spermatozoïdes qui sont très souvent inertes ou dont les mouvements sont presque nuls et qui, tombant dans un milieu acide (1), meurent avant de s'unir à un ovule. Tous les acides tuent les spermatozoïdes ; 10 centigr. de sublimé dans un litre d'eau, 1 gramme d'acide sulfurique, azotique ou acétique dans 7 litres du même liquide les foudroyent ; tous les lavages d'eau acidulée sont funestes à la fécondation surtout si l'on pousse la précaution à les faire immédiatement avant un rapport, parce qu'alors la liqueur séminale se répand dans un milieu mortifère ; l'opération, répétée après le coït, assure les plus grandes chances de réussite. Les femmes qui désirent des enfants ne doivent donc pas s'injecter des liquides acidulés, sachant que souvent les sécrétions de leurs organes sont assez acides pour détruire les germes féconds.

Pour prévenir les nombreuses tentatives d'avortement qui se font partout, il est humain d'enseigner un moyen simple, facile et sûr, de régler la fécondation, lorsqu'on a de sérieuses raisons pour cela ; c'est, en outre, un devoir d'empêcher des manœuvres criminelles, dangereuses pour ceux qui les font et pour celles qui les subissent.

Les membranes soi-disant préservatrices sont assez souvent infidèles pour les rejeter, car elles peuvent se déplacer ou se déchirer. Un homme me déclara avoir employé, sans succès, un appareil qu'il avait payé 25 francs.

Il faut aussi retenir que la fécondation ne peut être

---

(1) Du papier bleu de tournesol, imprégné du mucus, virera au rouge si le milieu est acide.

empêchée que si l'on tue les spermatozoïdes, ce que l'on obtient à une température relativement basse. L'eau froide, en injections, est souvent impuissante ou dangereuse et celle qui contient du vinaigre en excès peut occasionner des accidents fort graves. L'abus de ces injections expliquerait les nombreuses affections dont se plaignent tant de femmes et de jeunes filles.

S'il y a beaucoup d'*infécondités volontaires* que nulle puissance ne peut empêcher, il faut reconnaître franchement que les femmes délicates, maladives ou prédisposées à une affection grave, ne devraient jamais être fécondées, leur vie étant en jeu ; c'est pour elles surtout que j'indique le moyen de prévenir tout danger. Toute femme qui aura un motif sérieux d'éviter une fécondation introduira dans ses organes, avant chaque rapport, une éponge fine de la grosseur et de la forme d'un œuf de poule ; traverser cette éponge, à sa grosse extrémité, d'un petit cordon pour la retirer facilement et l'imprégner d'un liquide antiseptique à l'*acide citrique*, au *sublimé* ou mieux au *chinosol* ; ce moyen simple et facile rendra la fécondation impossible ; je recommande ce procédé aux *tuberculeux*, aux *scrofuleux* et aux *syphilitiques*. Il faudra avoir le soin d'introduire l'éponge aussi profondément que possible dans les organes pour la retirer un moment après les rapports. Par ce moyen on aura toute sécurité. Après chaque emploi, laver soigneusement l'éponge à l'eau chaude (1).

(1) Voir le prix du traitement à la fin du volume.

Si les femmes employaient ce moyen elles éviteraient de cruelles déceptions, telles que celle-ci, signalée par une dame de La Chaux-de-Fonds, en janvier 1901. Il s'agit encore d'une jeune fille trompée: « Ma sœur est enceinte de quatre mois. Il y a deux mois, elle s'était fait poser une sonde par une personne de Besançon, ce qui n'aboutit qu'à lui faire ressentir des douleurs dans le bas-ventre pendant un mois. »

Si les acides détruisent les spermatozoïdes, en revanche, les alcalins les raniment, de sorte qu'il suffit d'un lavage ou d'un bain alcalin interne et tiède pour leur donner une remarquable vigueur, lorsqu'ils ont perdu de leur activité ou paraissent privés de mouvements. Beaucoup de femmes qui désirent par besoin, intérêt ou amour, un enfant, ont des sécrétions acides défavorables à une conception et dans ce cas, qu'il s'agisse du désir d'être mère pour son bonheur et celui du ménage, sans chercher un intermédiaire étranger — ce qui est une triste consolation, — que ce soit pour s'attacher un amant dont on craint l'abandon ou pour l'amour de celui que l'on a choisi, il est facile et très simple de favoriser la fécondation en alcalisant toutes les muqueuses en contact desquelles se trouve la liqueur séminale; dans ce but, injecter une solution contenant 10 grammes de sel marin par litre d'eau, ou mieux un liquide composé de 1 gramme de potasse ou de soude et de 150 grammes de sucre pour un litre d'eau. Pour atteindre plus sûrement le but visé, il faudra, à l'aide d'un spéculum permettant le contact des muqueuses avec le liquide, prendre un bain tiède de sous-carbonate de soude pendant un quart d'heure, 250 grammes par bain, ou employer 200 grammes de carbonate de soude, de potasse ou de sel de cuisine. Les eaux de certains lieux, fréquentés pour leurs *sources miraculeuses*, doivent des propriétés fécondantes à leur nature alcaline.

Faire usage d'eau de Vichy aux repas et avant, d'extrait mou de quinquina additionné de quassine ; éviter tout apéritif sous forme de liqueur alcoolique. Les rétrécissements sont traités par la dilatation méthodique ; l'inertie de l'utérus se corrige par les excitants toniques et l'électricité ; les difformités et les tumeurs sont tributaires de la chirurgie ; les inflammations se combattent en visant les causes qui les produisent.

Des dames, désirant un enfant, sont fécondées, mais après un mois, deux, trois et plus, malgré les précautions prises, elles perdent un germe, un embryon et se désolent de ne pas goûter les douceurs de la maternité. Dans ce cas, assez fréquent, l'utérus est frappé d'inertie et le moindre ébranlement, une jambe levée un peu haut, une promenade, un faux-pas, une course en voiture ou en chemin de fer suffisent pour détruire une fécondation se présentant le plus favorablement.

Il faut, à ces personnes, le repos et la tranquillité durant les premiers mois, une nourriture tonique non échauffante et éviter la constipation ; prendre notre laxatif de longévité, une cuiller à café 2 fois par semaine. Des pilules, à base d'*asa fœtida*, réussissent souvent dans ce cas ; à ce puissant antispasmodique on peut joindre d'autres agents actifs, selon la nature et le tempérament des sujets à traiter.

*Accidents communs* aux organes de l'homme.

**Balano-posthite** (Inflammation du gland et de son enveloppe). — La *balanite* est le plus souvent le résultat d'un coït prolongé ou d'une fatigue quelconque de l'organe ; elle cause communément un *phimosis*. Les bains et les lotions adoucissants, ainsi que le repos, conviennent dans ce cas.

**Phimosis et Paraphimosis.** — Généralement dus au développement excessif du prépuce et au rétrécissement de son ouverture qui empêchent de le ramener en arrière et de découvrir le gland, ils peuvent être causés par l'inflammation du gland, par des chancres ou une irritation quelconque. Faire la circoncision, que l'on retarderait s'il y avait un chancre. Quand on réussit à découvrir le gland, le prépuce l'étrangle en causant une double inflammation ; cet accident, qui a reçu le nom de *paraphimosis*, doit être réduit le plus tôt possible par le procédé très simple de A. Guérin.

**Prostate** (Maladies de la). — Cette glande, impaire, en grappe, n'appartient qu'à l'homme ; elle entoure le canal de l'urètre vers les parties qui correspondent au col de la vessie ; sa forme peut être comparée à une châtaigne ; quant à son volume, il est très variable. Les affections de cette glande sont nombreuses et fréquenles chez les vieillards qui lui doivent toutes leurs incommodités du côté des organes génito-urinaires. Sa position et son inflammation compriment ou déplacent le canal de l'urètre et sont cause de rétention ou d'incontinence d'urine. Dans le premier cas, l'urine sort difficilement, dans le second, elle sort involontairement.

L'inflammation de la glande, *prostatite*, en double ou triple le volume. Les écoulements virulents et les excès vénériens en sont les causes les plus fréquentes ; cette maladie douloureuse a une tendance particulière à la chronicité, de plus elle est difficile à guérir.

Comme toutes les glandes, la prostate sécrète un un liquide visqueux qui accompagne le sperme pendant son éjection ; plusieurs auteurs ont prétendu reconnaître dans ce liquide les écoulements virulents de l'urètre, tandis que d'autres ont affirmé que c'était une illusion. Quoiqu'il en soit, la *prostatorrhée* existe sous forme d'écoulement jaune, épais, non contagieux, dû à la superfétation de l'humeur sécrétée par la glande qui peut être frappée d'hypertrophie, être le siège d'abcès, de calculs, de cancers, etc.

A l'état aigu, la *prostatite* et ses accidents secondaires peuvent être traités avantageusement par les bains de siège, l'eau de Vichy, le benzoate de soude, l'hyosciamine et la cocaïne en granules, cinq à huit par jour.

Les principaux remèdes sont impuissants contre la *prostatite chronique* ; c'est à peine s'ils ont une action palliative ; les pilules Rocher et autres spécialités recommandées n'ont aucune efficacité ; seule l'electricité a quelquefois une influence heureuse contre cette affection, la plus douloureuse dont un homme puisse être frappé. Sans cesse tourmentés par des douleurs lancinantes, les malades n'ont de repos dans aucune position. Ils appellent la mort à leur secours, mais la cruelle fait la sourde oreille.

J'ai connu un malheureux qui, après dix-huit ans de souffrances physiques et morales dues à une prostatite, finit par s'étrangler dans son lit, n'ayant plus que quelques jours à vivre encore.

**Spermathorrhée** (écoulement involontaire du sperme, en dehors de toute excitation directe). — Due à la masturbation, à une trop longue continence, à l'abus des plaisirs vénériens, à la lecture ou à la vue d'ouvrages lascifs, elle engendre de nombreuses affections ; une constipation opiniâtre l'accompagne ordinairement et sa fréquence fait perdre ses vertus au sperme qui devient plus liquide ; les spermatozoïdes diminuent et finissent même par disparaître, ce qui amène l'*impuissance*. Souvent, le sperme est éjaculé pendant la défécation ou en urinant; des jeunes gens en sont inquiets et en souffrent moralement ; ils ont des maux de reins, des maux de tête, des transpirations ; la vue et la mémoire s'affaiblissent, ils ont des vertiges, ils perdent l'énergie, tombent dans le découragement, le marasme ou la folie, quand ils n'abrègent leurs souffrances par le suicide.

TRAITEMENT. — Prendre le matin une cuillerée à café

de notre laxatif ; deux fois par semaine un bain ordinaire ; dans la journée un granule composé d'ars....
de fer et de strychnine. avec l'acide tannique ; le soir, 4 granules de camphre monobromé avec 2 granules d'atropine. Le mariage est le meilleur correctif.

**Priapisme** (éréthisme sexuel). — Cette indisposition gênante peut exister en dehors de toute maladie ; c'est l'érection continuelle, sans désirs voluptueux.

On donne avec succès le camphre monobromé, un granule de quart d'heure en quart d'heure, ou de demi heure en demi-heure, jusqu'à effet. Le soir, au moment du coucher, prendre trois ou quatre granules de cicutine ; bains de siège, froids.

**L'Impuissance** ou *anaphrodisie de l'homme,* a de nombreuses causes, mais le dernier terme n'a pas le sens précis du premier. On entend généralement par *impuissance*, l'impossibilité de féconder la femme, soit que le sperme n'ait aucune influence sur les ovules, ou que le pénis soit privé d'érectilité, ce qui nuit à sa pénétration dans les organes de la femme. L'*impuissance* de l'homme peut être accidentelle, par la mauvaise conformation de la verge, lorsque l'ouverture du canal vient se faire sur la partie supérieure, *épispadias*, ou lorsque cette ouverture aboutit à la partie inférieure, *hypospadias*. L'impuissance est idiopathique lorsque le sperme ne contient pas de spermatozoïdes ; dans le monde profane on appelle impuissant tout homme qui ne peut satisfaire une femme que difficilement, après des manœuvres excitantes ; dans ce cas on dit que l'homme est usé, qu'il ne vaut rien, quoiqu'il puisse encore féconder ; cette faiblesse génitale ou aptitude génésique est due à des excès vénériens, à diverses maladies, à l'épuisement général, enfin à la sénilité.

A quel âge un homme peut-il perdre le pouvoir de féconder ? demande-t-on souvent. La question est difficile à résoudre, sachant qu'elle souffre de nombreuses exceptions. Un jour, Napoléon I$^{er}$ demanda à Corvisart : si un homme, à 60 ans, était apte à la fécondation ? — Quelquefois, sire ! — Et à 70 ? — Toujours ! Ce mot, *toujours !* souligné, par l'illustre praticien, d'un point d'ironie, est pourtant démenti. Je faisais un jour cette remarque à un vieux retraité qui crut pouvoir entretenir des relations avec une jeune domestique qu'il mit enceinte, à son grand étonnement. M. de Lesseps passa pour père à 82 ans. Un homme de 74 ans, marié à une femme de 35 ans, eut un enfant. Si l'on émet des doutes au sujet de ces aptitudes séniles, on peut aussi admettre que la vigueur d'un vieux mâle peut engendrer quand un *bon ami,* curé ou autre, n'a pas prêté son concours, selon l'affirmation d'indiscrets ou de calomniateurs.

Chez les femmes, l'*impuissance* n'existe pas ; elles sont toujours aptes à recevoir l'homme et, quant aux causes d'infécondité, nous les connaissons.

L'*anaphrodisie,* au contraire, est commune aux deux sexes ; cette expression, qui nous vient du grec, signifie : *absence de désirs vénériens,* mais cette disposition n'est pas suffisante pour empêcher la fé-

17

condation, comme beaucoup de personnes le croient. La fécondation peut avoir lieu sans désirs et même sans érection ; il suffit quelquefois d'une goutte de sperme tombée à l'entrée du vagin pour qu'elle se fasse sans jouissance et même avec douleur, comme il arrive lors des premiers rapports avec une vierge ou une femme étroite. Il se produit peu de conceptions avec plaisir pour la femme, au début du mariage.

*L'anaphrodisie*, chez l'homme, a pour causes : la timidité, la crainte d'échouer avec celle convoitée avec ardeur, ou la peur d'être impuissant. La femme est anaphrodite par indifférence ou aversion (filles publiques), elle peut l'être aussi avec le grand désir d'éprouver du plaisir, quand ses organes présentent l'anomalie du clitoris placé assez haut pour ne pas être touché de la verge ; dans ce cas elle n'éprouve aucune jouissance, ce qui lui cause de désagréables surprises et la rend froide, indifférente, dans les bras de son mari ou de ses amants. Il est possible, souvent, de lever cette difficulté et de donner à la femme, sans tromper la nature, la satisfaction qu'elle est en droit d'avoir, en corrigeant la position ; car il n'y a pas de sotte manière de faire l'amour. Dans les Indes, le *Kama-Soutra* (1) enseigne la profession des soixante-quatre talents ou formes de volupté que doivent connaître les hommes et les femmes pour se rendre aimables et irrésistibles.

(1) Ouvrage cité.

Un homme est quelquefois impuissant avec une femme, tandis qu'avec une autre il manifeste toute l'ardeur de ses désirs. Si un homme, à la suite d'un premier échec, veut revenir à l'assaut, la crainte d'échouer lui causera un nouvel échec.

Rien n'est plus contraire à la fécondation que la hâte de terminer l'acte. Ovide recommande, dans le IIe livre de l'*Art d'aimer*, de faire durer le plaisir.

D'après le docteur J. Guyot, la meilleure préparation pour la fécondation serait la continence de l'homme et la simultanéité des deux spasmes ou, à son défaut, le spasme de la femme provoqué le plus tôt possible après celui de l'homme, ce qui n'est pas toujours facile, le spasme se produisant, chez certaines femmes, dès le premier contact. L'ignorance ou la négligence de cette pratique serait la cause des neuf dixièmes des unions stériles ; mais il ne faut pas trop y croire.

Cette lettre prouve combien sont cruelles parfois les déceptions :

« Depuis six mois que je fréquente une jeune femme, que je n'aimais que médiocrement au commencement, j'étais pris de violents désirs et de violentes érections. Ces désirs étaient tels que tant que je me trouvais avec elle les érections duraient. Après six mois de fréquentation, il me fut donné de coucher avec elle il y a trois semaines ; de toute la nuit je n'eus pas d'érection, donc je fus dans l'impossibilité de consommer l'acte du coït. Quinze jours plus tard la même chose m'arriva malgré toutes ses caresses et l'amitié sincère que je ressens pour elle depuis environ trois mois. *Je ne suis pas impuissant*, mais à la suite de plusieurs blennorragies, probablement mal soignées, je n'ai plus la même force qu'auparavant.

« Ce qui me tourmente, c'est qu'avant que cette femme se donnât à moi et tant qu'elle refusa, j'avais de violentes érections et maintenant, plus rien de tout cela. Craignant que ce qui m'est arrivé deux fois avec elle ne m'arrive encore une troisième, je ne demande ni ne recherche plus à partager son lit. J'ai 29 ans, etc. »

Des femmes s'imaginent ne pouvoir être fécondées parce qu'elles n'éprouvent aucune jouissance pendant l'acte vénérien, ce qui est une erreur ; si des femmes jouissent délicieusement sous l'influence d'un simple attouchement, d'autres n'éprouvent absolument rien sous les caresses voluptueuses les plus variées ; femmes de marbre, elles n'ont pas reçu de la nature le don de jouir et quand, pour être agréables à leurs maris ou à leurs amants, elles feignent d'éprouver un plaisir ineffable qu'elles n'ont point ressenti, elles sont secouées par un frisson de dépit ou de dégoût qui leur fait dire : « Quoi, l'amour, ce n'est que ça ! C'est tout simplement dégoûtant ! » L'opinion de ces femmes, insensibles sous les feux si doux de l'amour, ne prévaudra jamais contre celle des amoureuses qui rendent généreusement par des caresses expansives les délicieuses voluptés qu'on leur fait éprouver ; j'ai vu de jeunes femmes, jolies, bien faites, pleurer sur l'insensibilité de leur chair caressée passionnément.

Voici une lettre que m'écrivit une jeune dame se trouvant dans ce dernier cas :

« Je suis mariée depuis un an bientôt et quoique je possède un mari que j'adore et qui est aux petits soins avec moi, je n'éprouve aucun plaisir dans nos rapprochements et au lieu de les rechercher ou tout au moins de m'y prêter volontiers, j'évite autant que je le peux un acte qui me laisse plus qu'indifférente.

« Aussi voyez quelle est ma position, obligée que je suis de feindre une sensation que je n'éprouve pas, de crainte de voir mon mari chercher ailleurs ce que je ne peux lui donner... »

Un mois plus tard, cette dame m'informa, qu'elle éprouvait du plaisir et qu'elle était en train de reconquérir son mari, que sans moi elle allait perdre à jamais.

Cette lettre, d'un homme jeune, démontre les résultats déplorables de l'indifférence.

« Marié depuis quatre ans, ma femme, nature très froide, ne m'a jamais fait remarquer une jouissance quelconque pendant nos rapprochements ; sitôt enceinte, ce n'était qu'amers reproches et continuellement des plaintes de malaises, de sorte que nos rapprochements n'étaient plus possibles ; si elle se trouvait momentanément bien et que j'essayais de satisfaire mes désirs sexuels, je recevais un refus brutal, ou si, à force de supplier, j'obtenais ce que je désirais, je recevais généralement cette réponse : —

« Viens donc et dépêche-toi, que je sois vite quitte de
« toi » et elle me recevait sans jouissance. A la fin,
n'y tenant plus, car nous n'avions pas la paix, je lui
demandai si, définitivement, elle m'aimait ou si elle
m'avait jamais aimé ? A quoi elle répondit : « Je t'aime
« comme je ne pourrai jamais aimer ; tu ne saurais
« croire ce que tu m'es cher, mais je suis constam-
« ment enceinte et par là constamment malade ; je ne
« puis, plus de la moitié du temps, vaquer aux soins
« du ménage ; en plus il faut que je satisfasse tes dé-
« sirs *qui me dégoûtent absolument* quand je suis
« enceinte ; voilà d'où vient ma mauvaise humeur et
« notre désaccord, aussi, si cela doit durer, je préfère
« retourner chez mes parents ; nous prendrons chacun
« *une partie des enfants* et nous n'aurons plus de
« relation que de bonne amitié. » Dans la colère que
j'éprouvai et sans répondre à ma femme, j'allai trouver
un notaire pour la mise en vente de mon ménage ;
deux jours après ma femme partit avec deux enfants et
huit jours après tout mon avoir était vendu aux en-
chères publiques.

« Depuis, nous nous sommes revus deux fois en six
mois, sans obtenir aucun rapprochement intime. Naturellement, je dus chercher ailleurs, ce que je ne
pouvais obtenir d'elle ; après un seul rapport je con-
tractai un écoulement que le docteur M... de B...
traita par le copahu ; l'écoulement augmenta même
après en avoir pris trois boîtes qui me délabrèrent
l'estomac ; le docteur m'ordonna alors du *Santal
Mydi* ; j'en pris trois flacons qui n'eurent d'autres

effets que d'éclaircir l'urine en me causant de violentes douleurs dans la tête et dans le dos. Il m'ordonna des injections, à base de *protargol* (1), qui causèrent une inflammation très douloureuse du testicule droit actuellement malade, etc. »

Au mois de décembre 1904 les journaux ont fait le lamentable récit d'un millionnaire de Budapest qui, épris d'une jeune beauté riche comme lui, se suicida à 26 ans, après trois années de mariage durant lesquelles sa femme, par une répugnance invincible, ne voulut jamais le recevoir. Ce malheureux, fou de son épouse, ne put survivre à cette incompréhensible indifférence; cependant on croyait ce couple, si bien assorti, parfaitement heureux; sous des apparences aussi brillantes que trompeuses, le mari et la femme vivaient comme étrangers l'un à l'autre. Après cela, fiez-vous aux apparences. Et le couple Syveton?

Cette indifférence de part ou d'autre est la cause la plus fréquente des discordes dans les ménages; car souvent la femme s'abandonne sans difficulté, ou l'homme découragé, s'il ne se livre à la boisson, cherchera des liaisons qui le détacheront de la famille, jusqu'à causer sa ruine ou son déshonneur.

L'absence de jouissance chez l'un ou l'autre sujet, n'est point une cause d'impuissance et si chez la femme, cet état anormal se remarque assez souvent, il est très rarement observé chez l'homme, du moins je n'ai jamais lu chez les auteurs anciens et modernes

(1) Succédané du nitrate d'argent.

d'observations d'insensibilité copulative chez l'homme, dont l'activité des nerfs sensitifs et moteurs est à son paroxysme pendant la copulation, provoquant l'innervation qui constitue le spasme voluptueux tant désiré. Sur plus de six mille cas des plus variés, un seul sujet m'en a signalé un de ce genre ; c'est un homme marié, de 38 ans, dont le père, syphilitique, mourut à 33 ans, atteint de folie. Le fils eut à l'âge de 18 ans des tumeurs molles, triste héritage du père, qui disparurent par l'emploi du calomel et de pommade au *sulfate de cuivre*. Des accidents se manifestèrent plus tard à la gorge et persistèrent, malgré les traitements les plus variés, jusqu'à l'époque où ce malade me signala son état (1901) dans une lettre où il me dit : « Depuis huit mois, *je suis impuissant* (c'est une erreur) dans les rapports sexuels. La verge vient facilement en érection, mais sans aucune sensation ni jouissance, etc. » Les nerfs moteurs fonctionnent donc normalement, mais les nerfs sensitifs de la région sacrée et du pénis sont éteints ; c'est une particularité curieuse et un cas d'anesthésie génitale remarquable, prédisposant à la paralysie progressive.

Au point de vue pathologique, les inflammations de la moelle (myélite), la glycosurie (diabète), l'abus du camphre et de quelques autres antiaphrodisiaques, la fatigue prolongée de l'esprit, la masturbation, sont des causes d'impuissance. C'est pour diminuer le développement des désirs génésiques que, dans les couvents et les séminaires, les moines et les ecclésiastiques font un usage abusif du camphre, du lupulin, du nénuphar, etc. Le meilleur remède à opposer à ces causes, c'est le mariage, que les pères de l'Eglise autorisaient aux prêtres.

Loin de suivre cet exemple, les prêtres se flàttent d'avoir des privilèges célestes qui consistent à vivre dans l'intempérance et à prendre les femmes des autres, ce qui est commode pour éviter les charges, quelquefois lourdes, de la paternité. Pour être logiques avec la raison et la nature, ils devraient se marier ou, pour l'être avec la religion et éviter les embûches de la tentation, ils devraient employer l'expédient d'Origène! Le Christ a conseillé de couper tout organe qui est une cause de scandale (1).

L'atrophie des testicules, les excès vénériens, la syphilis, la chloro-anémie, sont des causes d'infécondité qui s'ajoutent à celles qui ont été énumérées.

TRAITEMENT DE L'IMPUISSANCE. — Le *phosphure de zinc*, l'*acide tannique*, l'*arsen... de strychnine*, la *spermine* et les glycéro-phosphates peuvent être utiles, mais il faut traiter chaque malade d'après sa constitution et la cause de son état. Lorsque l'infécondité résulte de l'ouverture de l'urètre au-dessus ou au-dessous de la verge, il suffit de faire placer la femme la tête plus basse que les reins, reposant sur un ou deux coussins, pour que la semence coule dans l'ouverture du col utérin.

Des praticiens conseillent la cautérisation de la glande prostate avec le *nitrate d'argent*, qui donne-

(1) Lire *L'Amour*. Prix, 2 fr.

rait une vigueur nouvelle aux organes ; mais cette cautérisation produit souvent des effets désastreux. Quant aux substances excitantes des organes génitaux, comme la cantharide et le phosphore, elles produisent des désordres graves et souvent l'empoisonnement. Des cantharides, Michelet a dit : « Ce brûlant élixir de vie change l'amour en poison ». Dans ses *Mémoires*, le docteur Moreau, de Tours, raconte que l'infâme marquis de Sade offrit aux nombreux personnages qu'il convia à un bal, des pastilles de chocolat à la vanille contenant de la cantharide : « Tout à coup, dit-il, les convives se sentent brûlés d'une ardeur impudique ; les cavaliers attaquent ouvertement leurs danseuses. Les cantharides, dont l'essence circule dans les veines de ces infortunés, ne leur permettent ni pudeur ni réserve dans les voluptés impérieuses ; les excès sont portés jusqu'à la plus funeste extrémité ; le plaisir devient meurtrier ; le sang coule et les femmes ne font que sourire à cet horrible effet de leur rage utérine, etc... Plusieurs dames titrées sont mortes des suites de cette nuit de dégoûtantes horreurs. »

On attribue, à l'usage des cantharides, la mort de plusieurs hommes célèbres ; Ambroise Paré rapporte qu'une courtisane, pour exciter l'amour d'un abbé, mit dans ses aliments une telle quantité de cantharides, qu'après l'avoir chevauchée *soixante-dix fois* dans la même nuit, il mourut au milieu d'atroces douleurs produites par une violente inflammation des organes génito-urinaires.

Il faut s'abstenir de substances si nuisibles à la

santé. Quant aux spécialités recommandées contre l'impuissance, ce sont des produits trompeurs et nuisibles. Les produits à base de principes ovariques ou testiculaires sont loin de donner des résultats sérieux.

Un produit vanté contre l'impuissance, sous le nom de *céphalose*, par une maison de Paris, me fut envoyé ; je l'ai essayé sur un garçon de 28 ans, incapable de satisfaire une femme et voici, après avoir absorbé ce produit, ce qu'il m'écrivit : « J'ai le regret de vous dire que la poudre a été absolument sans effet. Pas plus qu'auparavant, je n'ai eu une seule érection. » La *céphalose*, de goût et d'odeur agréables, est à base, probablement, de phosphore organique et de cacao.

Le meilleur moyen de conserver longtemps son énergie, c'est de ménager ses forces et de n'abuser d'aucun plaisir épuisant. Il ne faut pas oublier que les troubles énervants qui bouleversent si agréablement l'organisme ne doivent pas être provoqués trop fréquemment ; plus on s'épuise, plus tôt on cesse de jouir.

Un stimulant actif, n'offrant aucun danger, pourvu qu'on n'en abuse pas, consiste à prendre quelques pilules à base de vanille, de phosphure de zinc et de cocaïne.

Partout on trouve les mêmes ténèbres, les mêmes erreurs, le même empirisme, les mêmes folies, les mêmes passions ; mais si mes conseils peuvent être compris et suivis, mon but sera atteint ; car j'ai la certitude qu'ils épargneront beaucoup de déceptions et de maux à ceux qui les mettront en pratique ; en tout cas ils y puiseront tranquillité, sécurité et bonheur, ce que je leur désire. Le bonheur se puise dans l'amour de la famille et s'il y a tant de gens qui se plaignent des difficultés ou des déceptions de la vie, c'est qu'ils n'ont pas su unir leur existence et qu'une mauvaise éducation ou des fautes de jeunesse ont jeté l'indifférence et l'apathie dans le mariage. Pour ne rien redouter dans les sentiers arides de la vie, il faut vivre par le souffle de la charité, de l'amour et de la tempérance.

D<sup>r</sup> BOUGLÉ, à Neuchâtel (Suisse).

N.-B. — *Les personnes de l'étranger qui voudraient corriger un retard récent, pour motif de santé, n'auront qu'à m'envoyer un mandat de* **6** *fr.* **50**. *Pour recevoir la meilleure formule empêchant la fécondation, m'envoyer un mandat de* **2** *fr.* **50**.

*Le traitement de toute maladie revient à* **12** *francs par mois.*

| | |
|---|---|
| Pillules contre retards mensuels. | **8** *francs.* |
| Pilules contre l'impuissance..... | **10** — |
| Laxatif de longévité, *la boîte*...... | **2** — |

*La guérison des écoulements récents ou chroniques ne demande, en général, que 8 à 15 jours. Prix* **10** *fr., contre mandat-poste.*

*Les traitements, en Suisse, se font contre remboursement.*

## TABLE DES MATIÈRES

|  | Pages |
|---|---|
| INTRODUCTION | 5 |
| DÉDICACE | 11 |
| MISÈRE ET FOLIE PROVOQUÉES | 20 |

### FATALES PASSIONS

#### Première partie.

| | |
|---|---|
| CHAPITRE PREMIER. — L'Onanisme. — Vices qui s'y rattachent. — Nymphomanie. — Pédérastie. — Tribadie | 31 |
| CHAPITRE II. — L'art de se tuer à tous les âges | 42 |
| § 1. — Différents désordres sociaux. | 42 |
| § 2. — Onanisme chez les enfants, chez les jeunes gens et chez les femmes. — Attouchements solitaires et en commun. — Onanisme bestial. — Vices professionnels. — Les effets de l'Onanisme. — Moyens de les combattre. — Traitement | 45 |
| § 3. — Fraudes génésiques, désordres qu'elles entrainent. — Dépopulation, ses causes : Repopulation | 87 |
| § 4. — La traite des vierges à Londres. | 117 |
| § 5. — Impuissance de l'évangile. — Statistique. — Abortifs. — Demi-vierges et fausses-vierges | 125 |
| CHAPITRE III. — L'amour, mariage et prostitution | 159 |

## Seconde partie.

CHAPITRE IV. — La syphilis. — Son histoire. — Opinions des auteurs anciens et modernes. — Ses accidents. — Sa transmission. — Son traitement. — Chancres . . . . . . . . . 198

CHAPITRE V. — Des maladies vénériennes non syphilitiques. — Ecoulements. — Leur traitement. — Accidents communs aux organes de la femme et de l'homme . . . 240

BUZANÇAIS (INDRE), IMPRIMERIE F. DEVERDUN.

## À LA MÊME LIBRAIRIE

**P. ROUÉ**
Avocat à la Cour d'appel

## LE MARIAGE DE DEMAIN

### Le Code de l'Union libre

1 joli vol. in-16 br.................................... 2 fr.

---

**E. DUEHREN**

## Le Marquis DE SADE et son Temps

*Traduit de l'Allemand par W. RIGA*

Avec une PRÉFACE (XXXIV pag.) d'Oct. UZANNE

1 fort vol. in-8 br. parch...................... 10 fr.

---

**C. BOUGLÉ**

## L'AMOUR

### MIROIR DE L'HUMANITÉ

*(Nouvelle édition)*

Intéressante étude sociale

Comment on peut prolonger la vie d'un ami
et abréger celle d'un ennemi
Comment on peut se mettre à l'abri de l'influence personnelle

1 joli volume....................................... 3 fr.

www.ingramcontent.com/pod-product-compliance
Lightning Source LLC
Chambersburg PA
CBHW071413150426
43191CB00008B/897